用思维点亮

数学课堂

江 萍 著

我亲历的20个
数学课堂教学故事

ZHEJIANG UNIVERSITY PRESS
浙江大学出版社
·杭州·

图书在版编目（CIP）数据

用思维点亮数学课堂：我亲历的20个数学课堂教学故事/江萍著. — 杭州：浙江大学出版社, 2022.10（2022.12重印）

ISBN 978-7-308-22962-3

Ⅰ. ①用… Ⅱ. ①江… Ⅲ. ①小学数学课－课堂教学－教学研究 Ⅳ. ①G623.502

中国版本图书馆CIP数据核字（2022）第156410号

用思维点亮数学课堂——我亲历的20个数学课堂教学故事

YONG SIWEI DIANLIANG SHUXUE KETANG—WO QINLI DE 20 GE SHUXUE KETANG JIAOXUE GUSHI

江 萍 著

策划编辑	肖　冰
责任编辑	丁佳雯
责任校对	戴　田
责任印制	范洪法
封面设计	周　灵
排　　版	杭州兴邦电子印务有限公司
出版发行	浙江大学出版社
	（杭州市天目山路148号　邮政编码310007）
	（网址：http://www.zjupress.com）
印　　刷	广东虎彩云印刷有限公司绍兴分公司
开　　本	710mm×1000mm　1/16
印　　张	14
字　　数	186千
版 印 次	2022年10月第1版　2022年12月第2次印刷
书　　号	ISBN 978-7-308-22962-3
定　　价	58.00元

浙江大学出版社市场运营中心联系方式：（0571）88925591；http://zjdxcbs.tmall.com

序 言

/ 陈叔平

我读书，除查资料应急外，凡完整阅读的，大多先看序言。窃以为，序言应该是一本书的指南，要陈述序作者对这本书的见解：这本书是关于什么的，为什么值得读，好在哪里；适合的对象有哪些，以及该怎样去读。因此，作序需要先认真地读完整本书，读出理解、心得和感受，不能无的放矢地说一些不痛不痒的好话、套话，不能敷衍，更不能误导。因此，我觉得作序和写书都是很不容易的事，也是一个学习过程。

江萍老师是一名正高级教师、浙江省特级教师，现任教于杭州市求是教育集团。我之所以欣然答应为她的新作《用思维点亮数学课堂——我亲历的20个数学课堂教学故事》写序，原因大致有三：一是发自内心地认为数学教育，尤其是小学数学教育，极为重要，不能只有少数人重视，需要全社会的广泛关注。二是该书是作者20多年教学实践的总结、提炼和升华，有实实在在的"真货"，并非空洞的理论、抽象的说教，更非"胶水浆糊"。三是我对作者供职的求是小学（现求是教育集团）有特殊的感情。其前身系创办于1957年的浙江大学附属小学。浙江大学（后简称"浙大"）办这所小学的历史可以追溯到当年西迁时期，浙大师生在长达8年艰苦卓绝的西迁过程中，抗战不忘读书，救亡不忘兴学，每到一地，只要有可能，就在当地兴办学校，培养学生，传播文化，由此一代又一代地传承老浙大的求是校风。这些年来，求是教育集团继往开来、锐意进取，大力弘扬求是精神，大胆探索课堂教学改革，逐步形成了有求是教育特色的办学模式，教学改革走在前列。

数学是人类文明的结晶，是人类文化和通识教育的重要组成部分。长期以来，从小学阶段开始，世界各国就将数学与本国语文一起列入国民教育的必修课和升学必考科目，此即数学重要性的明证。华罗庚先生曾发出这样的感慨："大哉，数学之为用！"

今天，随着时代发展和科技进步，数学的内涵和价值也随之发生了变化。

20世纪后半叶，美国国家科学研究委员会的一份报告中有这样一些话：数学是打开机会大门的钥匙；现在数学不再只是科学的语言，它也以直接的和基本的方式为商业、财政、健康和国防做出贡献；数学是我们这个时代的看不见的文化，数学的观念在众多的不同层次上影响了我们的生活方式和工作方式，数学是人类文化的一个深刻而强有力的部分；所谓的高技术本质上就是数学技术；数学能比大多数其他学科为学生提供更多的特殊机会来学习不同于权威力量的思考能力；数学的基本能力所要求的不只是通晓算术；学生们在离开学校时还这样不懂得数学，他们怎么能在数学化的社会中竞争呢？

历史上，中国曾经独立地对数学的发现和发展做出过重要贡献，如大家熟悉的勾股定理、圆周率等。改革开放40多年来，我国在社会、经济、科技的各个方面都取得了长足的进步。与此同时，年轻人普遍渴望成才，国家也迫切需要更多的适应信息时代及全球化竞争的高素质劳动者和拔尖创新人才。在由教育大国迈向教育强国的进程中，数学教育显得更为重要。2019年我国科技部、教育部、中国科学院和国家自然科学基金委员会等四部门联合下发的《关于加强数学科学研究工作方案》指出：数学实力往往影响着国家实力，几乎所有重大发现都与数学的发展与进步相关。数学已成为航空航天、国防安全、生物医疗、信息、能源、海洋、人工智能、先进制造等领域不可或缺的支撑。要进行数学科普和数学文化建设，培育优秀数学后备人才。

千里之行始于足下；凡事要从娃娃抓起。一个人能力的开发、兴趣的培养和习惯的养成，都在童年、少年时奠定基础，数学教育也一样。基础打好了，将受益终身。江萍老师将其20多年的小学数学教育实践经验结集成书，无疑是有意义、有价值的，也是有说服力的。

小学教育是启蒙教育，各门课都刚入门，而且在这个阶段，学生基本上不加筛选，个体差异可能较大。因此对小学数学教育来说，正确定位和合理预期是非常重要的，即应该设定、追求什么样的目标，如何实现目标。根据自己的成长过程和教书经历，我想，小学数学教育最基本而且应该能形成共识的目标是：让学生喜欢数学而不是讨厌数学，相信自己能学好数学而不感到害怕，觉得学数学真的有趣、有用，而不是其他功利性的驱动。江萍老师在她这本书（的结束语）中写道：

从教26年来，我一直把"激活孩子的思维，让孩子喜欢数学课"作为自己的教学准则，并围绕"小学数学课堂教学需激活学生的思维"这一核心思想进行了专题化、系列化的研究，从学习材料设计、数学问题设计、学习方式设计三个维度提炼出盘活学生经验、激活学生思维的有效策略，逐步形成简洁大气、活泼灵动的课堂教学风格，体现轻负担、高质量的教学特色。

对此我非常认同，这些理念是值得肯定和称道的。

当下，在商业化的大背景下，一些玄而又玄、似是而非、以偏概全、混淆视听的"高大上"说法大行其道，扭曲了许多人的认知；一些未经实践检验或经不起实践检验、充满诱惑、剑走偏锋的做法乘机而入，干扰了正常的教育规律，造成了家长无端的焦虑，误导甚至消磨了孩子学数学的热情。因此，这样一本专业人士写的可借鉴、有说服力的书是我们非常需要的，老师和家长及热心关注数学教育的各方人士都可以认真读一下。

凡事言易行难，好的想法并不会自动见效，要实现"激活孩子的思维，让孩子喜欢数学课"是非常不容易的。考虑到小学生的认知能力、发展过程和今天的环境，把这些做好，需要实践、探索、钻研、创新。

江萍老师在书中，分别从"材料""问题"和"方式"三个维度总结了自己的实践。就我的理解而言，这样处理的意义在于：首先，课本只是知识的载体而并不等于知识，好的素材更能够承载和发掘知识。其次，对学习来说，问题其实比答案更重要，问题可以摆脱"灌输"，启发学生思考并慢慢理解为什么会有这些知识，它是从哪里来的，有什么用。再者，教学的最高境界并不是传授某些具体的知识而是让学生在学习中渐渐地"学会学习"，因为我们不可能从老师那里学到自己一生所需要的全部东西，因此从学习方式上引导学生是值得倡导的。

数学是一套独特的语言体系和思维方式，在义务教育阶段学数学则是一种基本训练，让人成为"明白人"，并进而成为"能干的人"。数学教育不只是为了培养数学家，更是为了造就大批高素质劳动者。两者同样重要也同样不容易，在小学阶段，后者也许更难一些。幸运的是，我们已经有了一大批兢兢业业、长期坚持为之奉献的老师。

当一个好老师，除了爱心和耐心外，还需要不断提高自己的学养，深化对所教学科的认识和理解，同时需要与时俱进，关注并适应学生和时代的变化，即所谓的教学相长、常教常新。江萍老师的书便体现了这样一种精神和境界。

数学求真，数学求美。孩子是国家、民族未来的希望。期望这本书的出版，能够引来小学数学教育的百花齐放，为基础教育改革和创新人才培养添砖加瓦，则功莫大焉，善莫大焉。

是为序。

2022 年 6 月

陈叔平，浙江大学教授、博士生导师，在大学工作35年。曾任浙江大学数学系主任、浙江大学理学院常务副院长、贵州大学校长。

目 录

上 篇 用 "材料" 激活思维

用简单的材料也可以上公开课?　　005

如何用小材料把问题的思考引向深入?　　017

数学课既要做 "加法" 也要做 "减法"?　　024

用教材的主题图可以上好公开课吗?　　035

怎样让复习真正发生?　　044

怎样让材料 "静" 下来?　　053

怎样让材料 "动" 起来?　　064

"黄豆", 需要吗?　　073

结 语　　079

中 篇　用"问题"激活思维

10000元钱与10000张纸一样厚吗？　　089

小棒可以搭出圆吗？　　092

还有吗？　　097

"几个几"的争论风波为何而来？　　103

"反比例"是不是"烦比例"？　　111

你还想知道什么？　　117

结　语　124

下篇　用"方式"激活思维

怎么上"吨的认识"一课?　　133

课堂怎样"剪"出精彩?　　144

一样的"连乘"能不能有不一样的精彩?　　150

怎样认识小数?　　163

在课堂中如何应对差异?　　176

怎样让有意义的数学课变得有意思?　　188

结　语　　199

结束语　　208

数学被誉为"思维的体操"。《义务教育数学课程标准（2022年版）》提到：数学在形成人的理性思维、科学精神和促进个人智力发展中发挥着不可替代的作用。通过义务教育阶段的数学学习，学生逐步会用数学的眼光观察现实世界，会用数学的思维思考现实世界，会用数学的语言表达现实世界。[1]提升学生的核心素养，需要我们在数学课堂教学中精心设计、大胆实践，激发学生的学习兴趣、激活学生的思维，使得人人都获得良好的数学教育，不同的人在数学上得到不同的发展。基于此，我用亲历的课堂教学故事与大家探讨如何用材料、用问题、用方式激活学生思维，点亮小学数学课堂，提升学生的核心素养。

---

[1]中华人民共和国教育部.义务教育数学课程标准(2022年版)[M].北京:北京师范大学出版社,2022.

用"材料"激活思维

用简单的材料也可以上公开课?

——"1000以内数的认识"的材料选择与教学改进历程

◢ 接到任务——心里窃喜

周一中午接到浙江省教育厅教研室通知，让我把人民教育出版社《义务教育课程标准实验教科书 数学 二年级下册》（2002年版）"1000以内数的认识"的教学内容拍成录像课，作为浙江省网络观摩课供教师们学习。听到这个任务，我心里有一丝窃喜，因为这节课我曾应邀在北京举办的小学数学八省市优秀青年教师教学观摩课活动中展示过，当时课上得挺顺利，评价挺好，反响也不错。回想这节课的教学设计，我比较满意的有以下几个方面。

🖉 导入有特色

这节课我以"数小棒"导入，先出示了一堆摆放凌乱的小棒（如图1左所示），然后请学生说一说整理方法，并用课件演示：10根一捆、10捆一大捆，得到296（如图1右所示）。然后教学296的读法与写法。而后通过增加小棒，得到297、298、299、300、301、302、303等数，并重点教学300、303的读法与写法。这种导入方式既激活了学生已有的经验，又清晰地再现了计数单位间的十进关系，强调了中间与末尾有0的数的读法与写法。

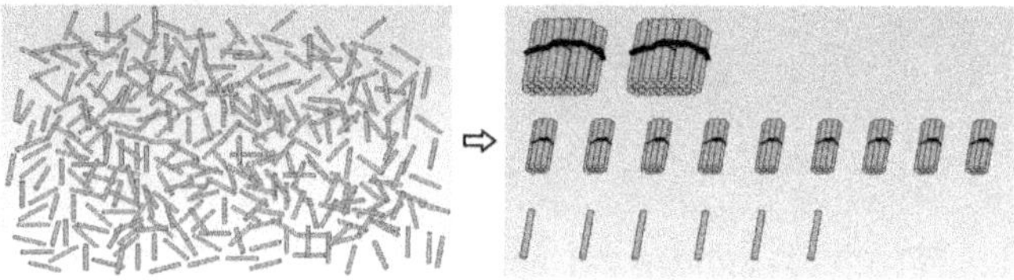

图1

✏️ 练习有创意

我选取了教材第69页例2的内容作为这节课的基础练习，并将它改编成一道看计数器写数与读数、说明数的组成的题目（如图2所示）。

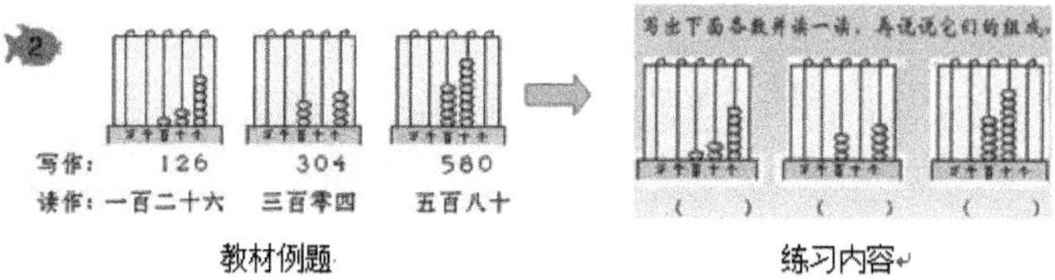

图2

练习要求为：先写数再读数，然后介绍数的组成。通过这道题的练习学生及时巩固新知。与此同时，在反馈126、304、580时，我又穿插了新的学习任务——数数。126：一个一个地数，顺着往后数5个数；304，一个一个地数，倒着往前数5个数；580，十个十个地数，顺着往后数5个数。将写数、读数、数的组成、数数的教学目标融合在一道练习题中，通过一题多变、一材多用，层层推进，在有效达成目标的同时，充分激发学生参与学习的热情。

✏️ 拓展有内涵

我分两个层次展开拓展部分的设计。第一个层次：为帮助学生建立对1000这个数大小的实际概念，培养学生的数感，我选取了1000个小方体、1000根吸管等作为研究素材，将"数"与"量"建立联系，让"数"更有现实感。第二个层次：利用千字文进行拓展，让学生找第224个字（听）、第885个字（想），既渗透数数方法，又联系生活实际对学生进行文化的熏陶、习惯培养的教育，可谓一举三得。

综上，我感觉教案已基本成熟，因此接到拍摄这节课的任务自然满心欢喜，下周的试教也随即开始安排起来。

🔍 一次试教——听到质疑

试教的日子如约而至，我按照原定的教学设计进行了演绎，课堂效果也与预期的基本一致。但教研员课后的点评，我至今还清晰地记得：这节课整体框架不错，思路清晰，学生的学习积极性也很高，但针对具体的问题，尤其是在用什么材料的问题上，还需要进一步筛选与整合，特别是在开头与结尾还有练习部分。

问题一：导入的材料及呈现方式是否太牵强？

一方面，采用"数小棒"的方式导入，呈现凌乱的小棒画面，看似突出了"数数"的方法，强调了"满十进一"，但实际上从一堆凌乱的小棒到10根一捆、10捆一大捆聚成一个百的整理过程都是课件演示操作的，学生无法亲身参与，我们很难知晓其体验是否深刻。另一方面，从297到303整个数数的过程，尽管利用并激活了学生已有的经验，但由于材料不够开放，教师"牵"得太紧，学生的主体作用在此无法充分显现。

问题二："千位"的引出是否考虑结合学生认知冲突？

在教学"千位"时，教师直接向学生提问："怎样在计数器上表示1000？"进而引出"千位"。这样的设计没能让学生看到其产生过程。同时，

"千位"的教学被安排在写数、读数以及感知1000的具体大小概念之后，此时课堂已近尾声，显得有些滞后，是否可以把这一材料与写数、读数的练习相互整合？

问题三：千字文的材料是否具有普适性？

对于千字文，是否所有的学生都有基础呢？因为网络观摩课面向的学生范围很广，所以，尽管千字文作为课堂拓展部分的材料很有创意，融合了中国传统文化，渗透了习惯教育，是一组好材料，但它超出了大多数学生的实际基础，不能充分激发学生的学习兴趣。

听到这里，我突然发现教研员质疑的内容正是我自己满意的三处材料设计。如果将这三处内容进行调整，这堂课岂不是没有亮点了，公开课还怎么上呢？

💡 重新调整——心有所悟

"无论是家常课还是公开课，我们都可以尝试用简单、朴实的材料激活学生的数学思维，不需要在材料的'新、奇、特'上下功夫。"教研员在课后说的这句意味深长的话始终萦绕在我耳边。众所周知，像"1000以内数的认识"这样的数概念课，一定会牵涉到数数、读数、写数、数的组成、数位顺序、数的大小比较等知识点（如图3所示），那么该如何把这些知识点用适当的材料串成一节课呢？教师往往会想到从生活上延伸，寻找一些生活中的素材，如一个班、一个年级或是一所学校的人数等，有的还准备了花生、绿豆、黄豆等作为教学材料。诚然，教师收集一些与生活相关的数据，在一定程度上有利于培养学生的数感、量感和应用意识，但如果对数的认识仅仅局限于这一

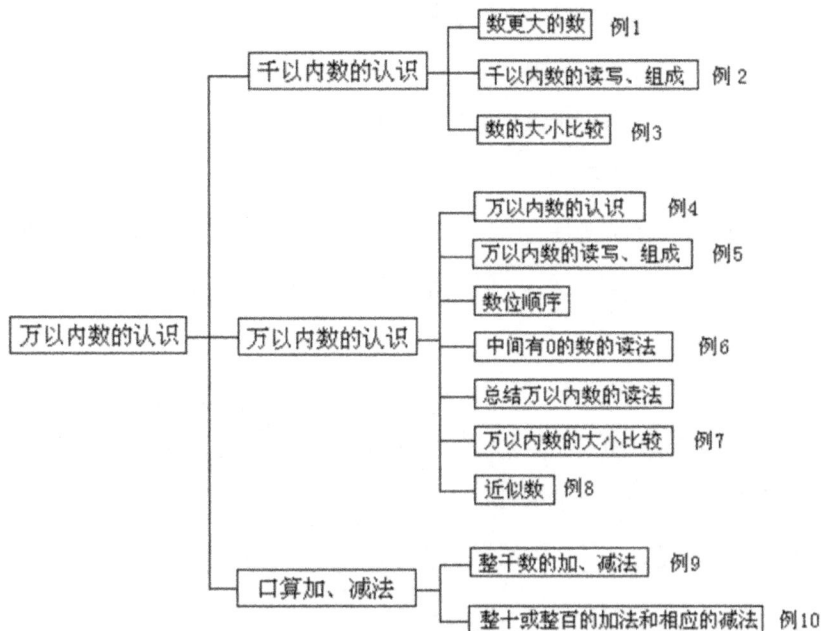

图3

点，显然是不够的。在"数的认识"数学课上，学生还需要掌握如位值原理、十进等的规律和内在结构，这样他们才能从多角度思考问题。那么，究竟什么样的素材既简单、朴实又能激活学生的数学思维呢？

基于此，我再次翻阅材料，仔细分析学情，重新思考这节课的材料设计。

首先，我用0、1、4三张数字卡片替换了图1用课件呈现的小棒图材料。

由于学生已经有了"100以内数的认识"的基础，用数字卡片摆三位数，一方面可为学生自主思考提供空间，激活学生已有的经验，另一方面，这样的任务具有前测的功能，可以检测学生的层次。一般情况下，学生已基本掌握各个数位上没有0的数的读写，这样就可以把"中间、末尾有0的数的读写"作为教学的重点展开。这三张数字卡片摆出的104、410、401、140四个数有一定的典型性和代表性，便于学生概括三位数的读写方法，掌握数的组成，理解数位的意义，同时可以引导学生有序思考，做到不重复、不遗漏。

其次，千位的教学与读数、写数相融合。

将千位的教学前置，与巩固练习"看计数器写数与读数、说明数的组成"这一题目（如图2所示）相结合。同时，把教材例题中第3个计数器上的数从580改成949，通过穿插新任务，让学生十个十个地往后数5个数，正好数到999，从而为1000的引出埋下伏笔。这样的调整不仅让练习内容具有系统性与整体性，同时让教学层层深入，既巩固新知又突破数数难点，从学生认知冲突中引出"千位"。

再次，用5颗珠子在计数器上拨三位数替换千字文等拓展练习。

这样的任务设计有一定的挑战性，一方面可以回顾并运用新知识解决问题，加深学生对位值原则的理解，给学生更大的思维空间；另一方面，可以起到承前启后的作用，为下一阶段学生学习比1000大的数作孕伏。

课堂的主要环节及材料变化情况如下。

（一）复习导入（材料不变）

1. 复习已学的数：100。

2. 让学生介绍比100大的数（以比100稍微大一点的数为主）。

（二）新课展开

1. 认识千以内的数（更换材料，如图4所示）。

图4

（1）用数字卡片摆三位数。

（2）交流摆法、读法、写法。

形成以下板书：

104：一百零四　　　410：四百一十

401：四百零一　　　140：一百四十

强调：读数的时候，我们从高位起，一位一位地往下读。中间的零要写也要读，末尾的零要写但不用读。

（3）用计数器表示数，说一说它们的组成。

先在计数器上拨一拨104、410并介绍数的组成。再在练习纸的计数器上表示401、140，反馈交流。

2. 巩固练习。

（1）看计数器写数，如图5所示。（材料上把第3个计数器上的数从580改成949）

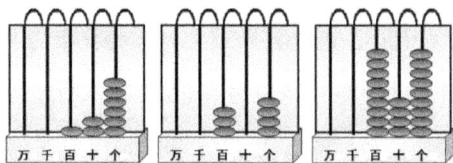

图5

（2）反馈：读一读、数一数，说一说数的组成。

讲评126：一百二十六，它是由1个百、2个十、6个一组成的。

（再请学生一个一个地往后数5个）

讲评304：三百零四，它是由3个百、4个一组成的。

（再请学生一个一个地往前数5个）

讲评949：九百四十九，它是由9个百、4个十、9个一组成的。

（再请学生十个十个地往后数5个，正好数到999）

介绍999：它是最大的三位数，个位、十位、百位上都是9。

3. 认识计数单位"千"，感知1000的大小。（材料进行了删减）

（1）认识计数单位"千"。

请学生在计数器上拨一拨1000，认识新的计数单位"千"。

归纳：从右边起往左数第四位是千位。

（2）揭示课题：1000以内数的认识。

（3）感知1000的大小。

①出示1000个小立方体，请学生说一说看到了几个小立方体，是怎么看出来的。（课件演示）

揭示：10个一百是一千，100个十是一千，1000个一是一千。

继续变换呈现方式，让学生读数、写数、说数的组成。

②出示1000张纸，让学生感知数量。

（三）拓展练习（更换材料）

拨5颗珠子在计数器上表示三位数。

想一想：怎样拨数最小？怎样拨数最大？怎样拨数与1000最接近？

按调整后的材料设计思路，我先后在2011年"浙江省农村义务教育课程改革携手行动"教研下乡月活动、2012年首届"金秋羊城"小学数学优质课观摩活动、浙江省小学数学十年改革获奖课例展示会、2013年华东六省一市第十五届小学数学课堂教学观摩研讨活动中执教了这节课。从现场听课的教研员以及一线教师的点评中，我们发现这节课给大家留下深刻印象的是：大气的构思、简单的材料、教师精巧的引导、学生深刻而又灵动的思考……

🏅 教研员的课堂点评

教研员1（李老师）：情境设计非常集中。一堂课三个情境，江老师把每一个情境都围绕知识点教学，且用足、用够、用好。创设一个情境不容易，教材其实给我们提供了丰富的情境材料，但很多老师在上课的时候往往一个情境刚结束就马上进入另一个情境，没有把它用足、用够、用好。江老师的课堂中，在复习导入部分先让学生写一个"比100大一点的数"，再出示数字卡片0、1、4，只用这三张数字卡片就把数的组成、读、写、拨珠几个环节完全融合在一起，话题十分集中。再比如第二个情境，看计数器把数写出来、读出来，并把意义说出来，还设计了126、304、949三个不同类型的数，并采用多样的教学方式，这说明江老师的教学设计非常有心。

组织教学无缝衔接。我们有些老师在教学时往往是讲完例1讲例2，讲完例2讲例3，例题讲完做练习，练习完成就下课。但江老师在课堂上是让学生先学她再教的，对于任何一个问题她都不是直接教授知识，而是先问问孩子有什么想法，所以她的课堂上有很多生成性的材料。江老师在课堂上调控自如，无缝衔接，组织教学非常细腻，细腻到你看课的时候看不出环节间的界限，只感觉听课听得很舒服。老师自然地处理，孩子学得就很轻松，老师自然就上得很自如。

<u>教研员2（潘老师）</u>："大任务布置、分层次反馈" 应该是江老师教学展开的主要方式，是本课的一大特点。我们看看其中的几大任务：

任务一是用数字卡片0、1、4摆一个比100大的数——意图：教学读数、写数、数的组成。

任务二是看计数器写数126、304、949，读写、介绍组成——意图：巩固读写组成，教学千以内数的数数、计数单位。

任务三是用5颗珠子摆一个最小的数和最大的数——意图：教学千以内数的大小比较。

任务完整，材料精巧。尤其值得欣赏的是，这些整体任务之后的分层次展开，利用充分、反馈有序、详略得当，非常值得我们学习。以126、304、949这三个数的教学为例，在 "写、读、说" 的整体任务之后，教师进行分层反馈，及时巩固新知，又穿插新的分层任务：126一个一个地往后数5个，304一个一个地往前数5个，949十个十个地往后数5个，999加上1是多少。学习材料与任务的巧妙设计，既让学生巩固了新知，又将数数中的难点（即正确数出接近整百、整千时拐弯处的数）以及教学重点（即 "满十进一"）等要点蕴含其中，可谓层层推进，步步为营。

⭐ 一线教师的课堂点评

136****8754　在听课过程中，我感受很深的是江萍老师很重视学生语言的规范表达。比如，刚开始用三张卡片摆数，学生汇报的时候表述得有点乱，表达不规范，她及时引导，为后面回答的学生指明方向，规范数学的语言表达方式。

135****8647　江萍老师的课设计巧妙，是一节去伪存真、返璞归真的数学课。少了各种花哨的形式，更多的是尊重学生，根据学生原有的知识基础进行教学，根据学生的学习情况进行有效的问题设计，突破学生的学习难点。

189****1858　江老师的课有层层剥笋的感觉，教学由表及里，层层推进，引人入胜。其结构化的教学设计、简约的学习材料、细腻的教学处理，使得学生对于"计数单位""相邻单位的十进关系""位值制"三个计数核心概念的理解和认识非常充分和深刻。看数画珠子、拐弯数、借助计数器从999过渡到1000等环节的设计，无疑说明她是一位非常有智慧的老师。

136****8754　江老师在本课学习的认识上，设计的拓展题引发学生深入思考，如果一个班级里的学生能长期进行这样的训练，孩子们的思维将会非常活跃。

135****7937　江老师的课朴实简练、扎实有效，是可以放到每个课堂里用的好课。

133****1700　江萍老师亲切、自然的教学源自精心的教学设计，值得我们深入思考。

138****2095　江老师以简单的教学素材0、1、4三张卡片贯穿整堂课的始终，使一节枯燥乏味的数的认识课变得生动、扎实、有深度，水平实在是高。

这次成功的调整与尝试，让我对课堂教学中学习材料的设计有了新的思考。相较于小学数学八省市优秀青年教师教学观摩活动以及录像课试教的材料准备过程而言，这几次开课省事不少，用几张数字卡片、一个计数器就可以展开教学。原来用简单的材料也可以上出精彩的公开课。

🎓 回顾梳理——柳暗花明

回顾这节课的思考、实践历程，从最初参加小学数学八省市优秀青年教师教学观摩活动到拍摄浙江省网络观摩课，再到后来参加浙江省小学数学十年改革获奖课例展示活动、华东六省一市第十五届小学数学课堂教学观摩研讨活动等，实践证明：用简简单单的学习材料也可以上有思维含量的数学课，而我们的课堂正因为学生的思维被激活而变得精彩。

感悟一：简单的材料有开放性就行

在新课导入时，我们将小棒数数改为用三张数字卡片摆数，既方便教师操作，又将摆数、写数、读数、拨数四个步骤融合在一个环节内。这样既让例题设计有一定的开放性，启发学生积极地进行数学思考，同时又尊重了学生的现实起点，直接从"中间或末尾有 0 的数"导入新课。摆 140、104、410、401这四个数都源于学生，且读法、写法的归纳都由学生完成，因此学生对位值原则的理解自然水到渠成。简单开放的学习材料充分激活了学生已有的经验，为有效达成目标奠定了坚实的基础。

感悟二：简单的材料有整体性就行

以看计数器读数与写数并说明数的组成一题为例，通过对教材例题改编，我们将写数、读数、数数以及数的组成等多个目标融合在一道题内。在课堂教学实践中，我们发现呈现这样的材料与任务，能较好地调动学生思考的积极性。在每一小题后面补充穿插的新任务，既让练习内容变得系统整体，又让教学层层深入，不仅巩固新知又突破数数难点，同时还为"1000"的引出埋下伏笔，可谓一举三得。由此可见，整体开发、合理运用，简单的材料也能让课堂浑然一体。

感悟三：简单的材料有思考性就行

上"1000以内数的认识"一课，为了让学生理解百与千的十进关系，大部分教师都会用到一个经典材料——1000个小立方体组合而成的大立方体。在这节课的设计中，我们虽然也应用了这一材料，但是呈现方式与问题设计有所变化。如：先出示1000个小立方体并提问"这里一共是几个小方体，你是怎么看出来的？"，而后借助课件动态演示，通过一层一层地数、一行一行地数、一个一个地数等多维度思维活动帮助学生建立起个位、十位、百位、千位等数位概念的表象，让学生从各个侧面理解数的概念。尽管材料很简单，但不同的呈现方式引发了学生深入地进行数学思考，课堂也因思辨而变得愈发精彩！

原来，用简单的材料也可以上精彩的数学课！

如何用小材料把问题的思考引向深入?

——"1000以内数的认识"的材料选择再思考

▷ 想法引路

在浙江省网络观摩课、浙江省小学数学十年改革获奖课例展示会以及华东六省一市第十五届小学数学课堂教学观摩研讨活动中成功执教 "1000以内数的认识" 之后,三张数字卡片似乎成了这堂课的经典材料。实践证明,凭借三张卡片完全可以上好 "1000以内数的认识"。那么,除此之外,这节课还有没有其他设计思路?三张卡片可以用,那其他小材料是否也可以用呢?作为数的认识教学领域的经典学具——"计数器" 在这节课能否发挥更大的作用呢? 带着这些问题,我开始了对这堂课的重新思考,而后关于 "1000以内数的认识" 的另一种材料的设计思路(如表1所示)在脑海中应运而生。

表1 "1000以内数的认识"设计思路

板块	材料呈现	环节设计	目标分析
新课导入	5颗珠子 百位 十位 个位	1. 摆一摆。 用5颗珠子摆一个三位数。 2. 写一写。 写一写自己摆的三位数。 3. 读一读。 读一读自己摆的三位数。 4. 说一说。 选择所摆的数,如113、410、500,说一说数的组成	◆掌握1000以内数的读法、写法;重点突破中间与末尾有0的数的读法、写法。 ◆掌握数的组成,理解位值原则。知道数位表中各数位上的数字表示的意义
新课展开	出示计数器 千位 百位 十位 个位 补充表格: 千位 百位 十位 个位	1. 数一数。 选择一个数:500。 提以下要求:(边数边拨数) 一个一个地数,顺着往后数十个数; 一个一个地数,倒着往前数十个数; 十个十个地数,倒着往前数十个数; 一百一百地数,顺着往后数五个数。 2. 认一认。 认识新的计数单位"千"	◆认识计数单位"千",掌握千以内的数位顺序及各计数单位之间的进率。 ◆正确地读、写、数1000以内的数。重点掌握接近整百、整千时拐弯处的数的数法
新课拓展	千位 百位 十位 个位	1. 摆一摆。 用5颗珠子,在计数器上拨一个最小的数和一个最大的数。 2. 想一想。 若要拨一个与1000最接近的数,应该怎么拨?	◆进一步理解位值原则,巩固数的组成。 ◆进一步培养并发展学生的数感

　　由表1我们发现,这节课选择了一个计数器、5颗珠子作为核心材料,材料足够精简也很经典,那课堂教学的效果会是怎样的呢? 一整节课自始至终都围绕计数器进行学习,二年级的学生会不会觉得索然无味呢? 我想,找到这个问题的答案最好的办法莫过于亲自实践,于是,我又一次执教"1000以内数的认识",与上一次不同的是,这一次我只带了一个计数器就走进了二年级的数学课堂。

课堂回顾

（一）新课导入

出示任务一，明确要求。

1. 摆一摆。

用5颗珠子摆一个三位数。（学生在数位图上画一画珠子，如图6所示）

5颗珠子

百位	十位	个位

图6

2. 写一写。

写一写自己摆的三位数。

如：104、113、122、131、140、203、212、221、230、302、311、320、401、410、500。

3. 读一读。

读一读自己摆的三位数。

4. 说一说。

选择所摆的数如113、410、500，在计数器上拨一拨并交流读法、写法、数的组成。

形成以下板书：

113：一百一十三，它是由1个百、1个十、3个一组成的。

410：四百一十，它是由4个百、1个十组成的。

500：五百，它是由5个百组成的。

强调：读数的时候，我们从高位起，一位一位地往下读。中间的零要写也要读，末尾的零要写但不用读。

（二）新课展开

1. 数一数。

出示任务二：选择一个数，如500，请学生在计数器上边拨边数，如图7所示。

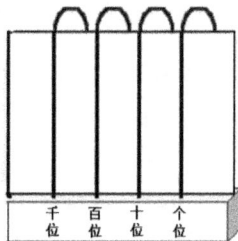

图7

（1）一个一个地数，顺着往后数十个数：501、502、503、504、505、506、507、508、509、510。

（2）一个一个地数，倒着往前数十个数：499、498、497、496、495、494、493、492、491、490。

（3）十个十个地数，倒着往前数十个数：490、480、470、460、450、440、430、420、410、400。

（4）一百一百地数，顺着往后数五个数：600、700、800、900、1000。

2. 认一认。

（1）认识新的计数单位"千"。

请学生在计数器上拨一拨1000，认识新的计数单位"千"。

归纳：从右边起往左第四位是千位。

（2）揭示课题：1000以内数的认识。

（3）感知1000的大小。

出示1000个小立方体，请学生说一说看到了几个小立方体，是怎么看出来的。（课件演示）

揭示：10个一百是一千，100个十是一千，1000个一是一千。

继续变换呈现方式，让学生读数、写数、说数的组成。

3. 巩固练习。

（三）新课拓展

（1）拨5颗珠子在计数器上表示三位数。

想一想：怎样拨数最小，最小是多少？怎样拨数最大，最大是多少？

（2）如果四个数位上都要拨珠子，怎样拨数最小，怎样拨数最大？拨一个与1000最接近的数，应该怎么拨？

💡 课后感悟

课堂实践证明，一个计数器、5颗珠子、一张数位表用这样一份小材料同样能上出有思维厚度的数学课。课堂上学生学得十分投入，我记得课到尾声总结时，有一位学生发言：这5颗珠子很神奇，变出了那么多有趣的数，让我们把1000以内的数都学完了。可见，小材料用得好同样能激活学生的思维，给学生留下深刻印象，其关键在于以下几点。

感悟一：材料虽小，但能凸显学科本质

本节课选择了5颗珠子、一张数位表、一个计数器作为学习材料展开教学，既保留了数概念教学的经典材料——计数器，也根据学生与课堂的需要，加入了呈现在黑板上的5颗珠子及数位表。这些材料非常简单，操作也很方便，同时能将数概念教学的重点都蕴含其中，让学生在不断地摆数、画珠子的

过程中，对数的读法与写法、数位顺序、计数单位之间的进率有了清晰的认识，有效地突出了数概念教学的本质。这样的"小"材料清晰、典型且易操作，往往能引发学生聚焦数学知识本身进行积极思考。

感悟二：材料虽小，但能留足思考空间

在本节课的新课导入部分，我们设计了请学生用5颗珠子摆一个三位数的任务。课堂实践证明，这个小材料引发的学习任务能让学生从不同角度、不同方向思考问题，激发学生思考的积极性。学生的答案既有三个数位上都放珠子的数，如113、122、131、212、221、311，又有中间或末尾有0的数，如104、140、203、230、302、320、401、410、500。这些课堂生成的材料都为教师有效开展1000以内数的读法与写法以及数的组成教学提供了研究素材。同时教师为每位学生提供的数位方格纸，也让学生人人获得摆数、写数、读数、说数的组成的机会。可见，材料好不好与大小多少无关，而在于它能否给足学生思考空间，从而充分调动学生参与的热情。

感悟三：材料虽小，但能"材"尽其用

"1000以内数的认识"的教学目标中包含认识计数单位"千"，掌握千以内的数位顺序及各数位之间的进率，读数、写数、数数、知道数的组成等。我们借助5颗珠子、一张数位表、一个计数器这些小材料达成了这些目标。从新课导入摆三位数开始，到新课展开选择学生摆的一个数"500"做深入研究，通过一个一个地、十个十个地、一百一百地顺着数、倒着数，让学生深刻理解计数单位间的进率，突破接近整百、整千时拐弯处数数的难点。在新课拓展部分，再次利用这5颗珠子，通过"拨一个与1000最接近的数"这个问题设计，培养学生的数感，同时又将千以内、千以外的数衔接在一起。材料虽小，

但通过一材多用、"材"尽其用,让课堂浑然一体,有梯度地引领学生层层深入地思考问题,让学生体会数学课堂的乐趣。

——部分内容原载于《"浙江省中小学学科教学建议"案例解读·小学数学》(斯苗儿、俞正强主编,浙江教育出版社)第82页至第83页《如何用"小"材料把问题的思考引向深入》(江萍)

数学课既要做 "加法" 也要做 "减法"?

——以 "认识角" 一课为例

▷ 为什么要做 "加法" ——基于学情分析

"认识角"是人民教育出版社《义务教育教科书 数学 二年级上册》(后简称为"人教版数学二年级上册")(2013年版)第三单元第一课时的学习内容。该单元一共安排了6个例题,分别是让学生初步认识直角、锐角和钝角,会用三角尺判断直角、锐角和钝角,会画角,会用角的知识解决简单的数学问题。教师在划分单元课时时,往往会把认识角及各部分的名称、感知角的大小、画角、找一找生活中的角作为第一课时的教学内容,然后再安排3个课时让学生学习直角、锐角和钝角以及解决问题。从体现知识结构性的角度出发,我们是否可以重组课时和教学内容,先让学生整体建构对角的认识,然后再深化?带着这个问题,我们仔细梳理教材,发现学生在一年级下册教材中初步认识长方形、正方形、三角形和平行四边形等平面图形时,对角已经有了直观认识,为本课内容的学习打下了基础。而且,角与学生的实际生活也紧密相联,生活中很多物体的表面上都有"角",学生对此也已经积累了一定的经验。那么学生对于角的认识程度是什么样的?如果起点允许,我们是否可以尝试进行内容整

学习单

1. 画一画你心目中的角。

2. 关于角，你已经知道了什么？请你写一写。

图 8

合？于是，我随机选取了二年级的一个班级，做了一份课前调查（如图8所示）。

调查结果显示：约70.3%的学生心目中的角都是由一个顶点、两条边组成的图形；约24.4%的学生画的是三角形、平行四边形、正方形、长方形等平面图形，其中有些学生在平面图形中用自己的方式标注出了角；剩下的学生画出了特殊的组合角。可见，学生对于角的认知起点已非常高，认识角、画角对大部分学生来说显然已经没有难度。而对于调查中的第二个问题——写一写关于角你已经知道了什么，80%以上的学生都写到了角有锐角、钝角、直角等，看来对于这些角的名称，学生已有所了解。

基于这样的学情，我们可以尝试重组教材内容做 "加法"，把教材例1、例2、例3、例4、例5这五个原来需要3个课时的内容有机地整合在一起，将认识角、指角、描角、做角、比角等内容放在单元第一课时加以实践。这样做，一方面尊重学生的现实起点，另一方面也能更好地体现知识的结构性，在整体建构、初步感知角的过程中让学生更清晰地认识角。

🔍 为什么又要做"减法"——基于学情再分析

一节数学课只有40分钟，我们若想把原本三节课才能完成的教学内容整合在一起，不可能花上120分钟。如果对例题内容不做任何删减、重组，不仅课堂容量必定增加，课堂教学效果也是可想而知的。我曾听过一位教师通过简单叠加教材中的5个例题，上了一堂所谓的数学整合课：从生活中引入角开始，然后让学生认识角的各部分名称、画角，再认识直角、锐角、钝角并分别再画一个这样的角，最后创造角，感受角的大小。这一堂课满满当当地上了50分钟，虽基本按照教材顺序呈现例题，但每道例题的教学只是平均用力、点到为止，学生没有时间思考，更没有时间交流。教师课后感叹：这堂课就像"赶火车"，上得实在累。

那么对于这堂课，作为学习主体的学生又有什么感受呢？课后我们随机访谈了几个学生，学生直接吐槽："这样的数学课没意思，老师讲得太多、太快。"

在数学课堂上，学生应当有足够的时间和空间经历观察、猜测、实验、计算、推理、验证等活动过程。当我们把几个例题整合在一起教学时一定要先思考：在课堂上是否给学生留下了足够的探究空间？通过舍弃什么保证学生能够真正经历学习的过程？整合例题之后是否反而增加了学生的学习负担？如果只是简单地把原来3个课时的内容通过加快课堂节奏等方式压缩成40分钟，那学生"学"的质量一定大打折扣，对所学知识理解不到位、体验不充分都将直接影响其学习效果。

由此可见，我们在给课堂做"加法"的同时也一定要做"减法"，减去不必要的内容，通过精心设计保证课堂40分钟的优质高效，让数学学习在课堂上真实而生动地进行。

怎样既做"加法"又做"减法"
——基于学情的教学设计

🖊 定目标：精准

教学目标是一堂课的方向所在，但当我们把原来3个课时、5个例题的内容整合在1个课时内时，教学目标却不能只是3个课时目标的简单堆砌。那么怎样定位课时目标才合理呢？我们需要先从单元视角出发科学地划分课时，然后再确定具体的课时目标，让目标更具有系统性。在仔细研读教材、完成课前调查之后，我们将第三单元中6个例题4个课时的教学内容做了整体划分（如表2所示）。

表2 人教版数学二年级上册（2013年版）"认识角"单元课时内容划分

例题内容	课时内容调整前	课时内容调整后
主题图：生活中的角 例1 认识角及各部分名称、角的大小	第一课时：认识角	第一课时：认识角
例2 画角		
例3 认识直角	第二课时：认识直角	
例4 画直角		
例5 认识锐角和钝角	第三课时：认识锐角、钝角	第二课时：数角、画角
例6 解决问题	第四课时：解决问题	第三课时：玩转三角板

整个单元的课时内容确定之后，我们制定了第一课时的学习目标：

（1）学生能初步认识角，知道角的各部分名称，学会用直尺画角。

（2）通过观察、分类、操作等活动，让学生初步认识直角、锐角和钝角，并会用三角尺进行判断。

（3）让学生在操作活动中初步感知角的动态定义，体会角的大小与两边张开的大小有关，初步培养学生的空间观念。

我们试图在该单元第一课时的学习中，更清晰地体现知识的结构性，通过角的大小变化，用分类的方法建构角的知识体系，让学生对角有整体的认知。本课的重点是让学生建立角的正确表象，难点是体会角的大小与两边张开的大小有关。

选材料：精炼

当课时内容整合之后，如何选取材料就显得尤为重要了。如果把教材中的例题素材全安排在1个课时内呈现，不仅显得"臃肿"，也无法做到"材"尽其用。在同样的时间内，材料越多，学生的思考越片面。那么，我们该怎样精心选择典型材料，引领学生进行深刻思考呢？在深入研读教材、了解学情之后，我们删去了例1中从生活中引入角的素材，将例3、例5的生活中的直角、锐角、钝角素材进行了整合，并将例4画直角的内容调整到第2课时进行教学。以课前学生调查作品"我心目中的角"为核心材料层层展示，通过精简材料突出核心内容，让学生的思考变得更加深入。本课选取的材料主要有两组，如图9至图12所示。

[第一组材料——前测材料1]

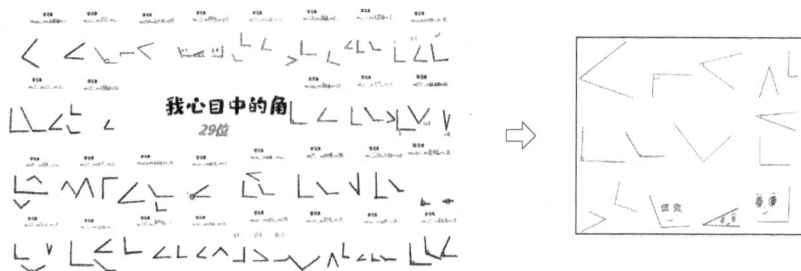

图9

材料选取说明：在课堂导入部分，我们用课件展示了29位学生画的角

（如图9左所示），同时通过随机放大其中的角（如图9右所示），让学生仔细观察这些是不是角、有什么共同点，通过讨论得出角的基本特征，认识角的各部分名称，知道一个角有一个顶点与两条直的边，并学着用直尺画角。学习材料源于学生，既凸显了学生的主体地位，增强了学生学习的积极性与主动性，又把认识角的目标巧妙融入其中，让课堂生动高效。

[第一组材料——前测材料2]

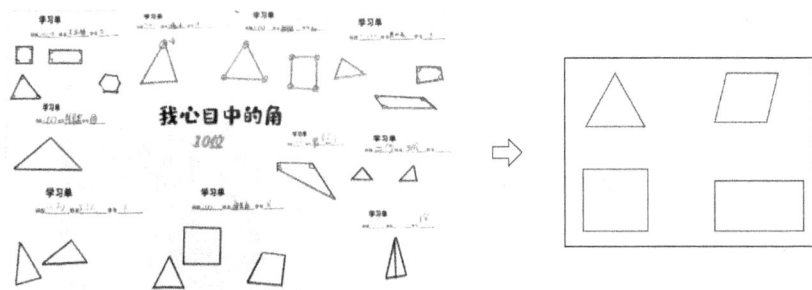

图10

材料选取说明：随后，教师出示前测中另外10位学生画的"我心目中的角"（如图10左所示），通过请学生自己介绍作品、全班学生共同讨论的方式得出结论，即这些图形都是平面图形，而这些平面图形中都有角。随后选取其中的典型图形，如长方形、正方形、三角形、平行四边形（如图10右所示），通过请学生在图形中找角、描角中的角等方式让学生初步认识直角，并会用三角板判断直角。

[第一组材料——前测材料3]

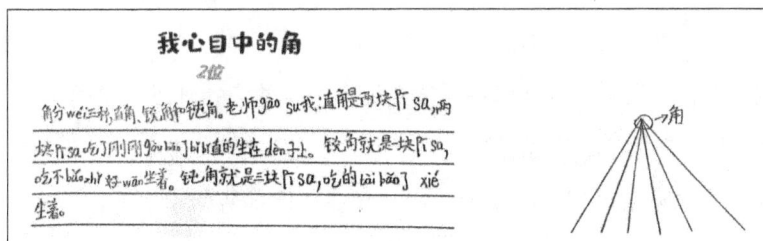

图11

材料选取说明：在课的最后，教师出示了班级里仅剩下的2位学生所画的"我心目中的角"（如图11所示）。第一位学生结合比萨饼形象地介绍了直角（如图11左所示）、锐角、钝角，让人忍俊不禁，而第二位学生则画了一幅数角的思维训练图（如图11右所示）。我随即组织全班同学进行了讨论，通过判断这究竟是不是角，丰富学生对角的认识；同时通过提出"这里面究竟有多少个角"的问题，为不同的学生在数学上得到不同的发展提供学习材料。由此可见，教学中唯有充分发挥学生的主动性，课堂才能焕发出生命的活力。

[第二组材料——两根吸管]

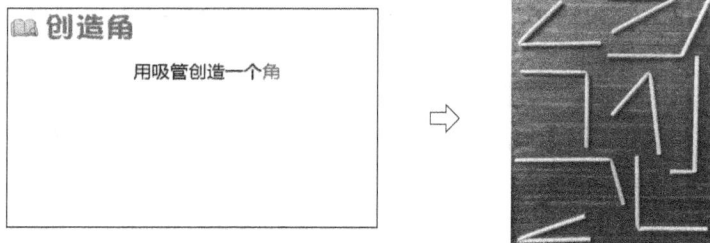

图12

材料设计说明：本节课的第二组材料是两根吸管，第一根吸管用在学生认识直角之后，请学生想办法用它创造一个角并进行展示（如图12左所示）。其目的是让学生在创造角的过程中进一步认识直角，学会用三角尺正确地判断直角。从课堂教学情况来看，学生创作的角种类丰富，除了直角外还有锐角、钝角（如图12右所示）。这些作品为引出锐角、钝角，让学生用三角板判断锐角、钝角，知道锐角是比直角小的角、钝角是比直角大的角，提供了非常适宜的学习材料。第二根吸管用在认识锐角、钝角之后，作为学生玩一玩吸管、变一变角的素材，让学生在操作中感悟角的大小与两边张开的大小有关。可见，我们在生活中熟悉的日用品在数学课堂上"秒变"为学习材料后，发挥了不小的作用。两根吸管虽然取材简单、操作便捷，但其带给学生的启示却是丰富的，让学生对角的认识变得更加深刻。

本节课，从展示"我心目中的角"开始，到全班41位学生的作品展示完毕后结束，中间穿插了利用两根吸管素材创造角、玩一玩吸管和变一变角的活动。其中的两组学习材料不是教材中5个例题的简单堆积，而是充分利用了学生的前测作品、简单的学具以及课堂生成的创作成果。以核心材料的充分利用、一材多用构建起各部分知识间的相互联系。精简的材料也为有效达成教学目标、让学生更深入地思考提供了保障。

探学法：精选

教学活动是师生积极参与、交往互动、共同发展的过程。有效的教学活动是学生学与教师教的统一。作为学生学习的组织者、引导者与合作者，教师应该选取怎样的方式激发学生兴趣、引发学生积极的数学思考，让学习在课堂上真实发生呢？

研读教材例题，我们发现例1需要学生通过观察生活中的角，归纳出角的各部分名称从而认识角，例2需要学生动手画一画，例3需要学生用观察、分析以及动手操作的方式认识直角，例4是让学生用三角尺画一画直角，例5则是让学生通过生活实例认识锐角、钝角。整合教学内容后，我们不能简单地将这些例题的学习叠加在一起，而是要进行删减重组，从而让学生真正经历学习过程，获得良好的学习体验。根据教材内容与二年级学生的特点，我设计了以大任务驱动的方式，通过作品晒一晒、操作动一动、微课播一播引领学生认识角。

（一）交流新方式——作品晒一晒

课堂教学中合作交流的方式有多种，在本课中我采用"晒一晒作品，说一说想法"的方式，分三次展示了全班所有学生画的"我心目中的角"，同时还请学生介绍"我画的角在哪里""我是怎么画的""它有什么特点"，给学生充分发表想法的机会，让其在展示、观察、思考、交流中加深对角的认识。尽管有的学生因画的角边不够直在展示交流时被同学指出，但大家都能虚心接受建议，还表示以后一定会用尺画角，把角画得更好。由此可见，"晒一晒作品，说一说想法"的新交流方式不仅让知识的结构性更强，也让积极思考、交流分享在课堂上自然发生，让学习更加高效。

（二）探索好途径——操作动一动

针对二年级学生的学习特点，在教图形与几何领域的内容时，适时安排动手操作的环节能增强学生的学习体验。研读教材例题，我发现例2和例4都是关于画角的内容，那么学生什么时候操作，操作几次比较适宜呢？仔细分析之后，我设计了两处"画一画角、玩一玩角"的环节，删去了画直角的内容。课堂中共有两次画角活动，第一次是在展示29位学生画的角、归纳出角的共同特点之后，请学生"画一个规范的角"；第二次是让学生在教师提供的三角形、平行四边形、正方形、长方形中找一找角、描一描。学生描角的情况主要有四种（如图13左所示）：第一种是只描了一个顶点，第二种是把所有的边都描了一遍，第三种是把角的部分圈起来，第四种是描出了顶点与两条边。可见，设计在图形中描角的任务是有必要的，它可以充分暴露学生的问题。随后教师出示合理的描角、表示角的方式（如图13右所示），帮助学生进一步清晰地认识角，为后续学生学习平面图形的知识打下基础。

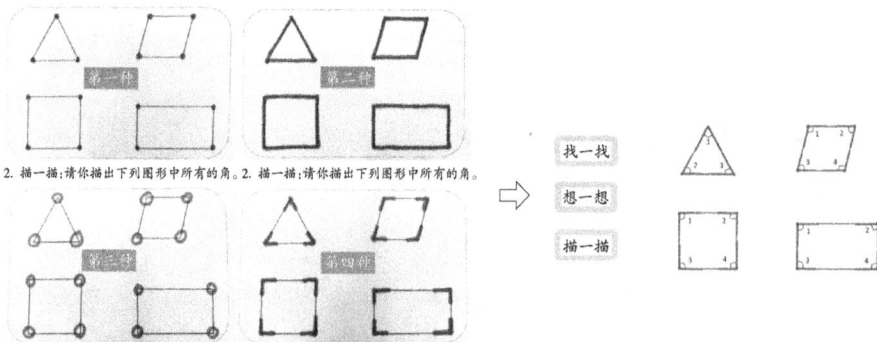

图13

在本课中我还设计了两次玩一玩角的操作活动。第一次是在认识直角之后，请学生用吸管创造一个角并展示在黑板上（如图12右所示）。第二次是在认识锐角、钝角之后，我再给每个学生提供了一根吸管。通过"摆一个直角""摆一个锐角""摆一个钝角""同桌两人摆出两个大小一样的角""再变一个大一点的角、变一个小一点的角"等这些小任务，让学生在玩一玩吸管、变一变角的过程中充分体验角的动态定义，体会到角的大小与两边张开的大小有关，在操作中突破教学难点。

（三）讲解好办法——微视频播一播

课堂教学中，自主探索、合作交流、动手实践、认真听讲都是学习的重要方式。在本课学生操作体验之后，我制作了两个简短的微视频穿插在课中播放，帮助学生明晰要点。第一个微视频的内容是怎样用三角尺作直角，动画加音效的小视频（如图14所示）形象地展示了直角的判断过程，学生也看得趣味盎然。

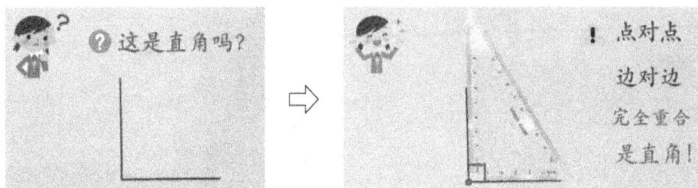

图14

第二个微视频是在学生玩一玩吸管、变一变角，获得关于"角的大小变化"的操作体验之后播放的。视频动态展示了锐角、直角、钝角、平角以及周角的形成过程及相互联系，使学生进一步感受到角的大小变化，增强了学生对于锐角都比直角小、钝角一定比直角大的直观感受，为后续学生进一步学习角、理解角的动态描述定义打下基础。在观看微视频时，教师通过巧妙的问题引领，充分激活了学生的思维，让学生边看微视频边思考，其对角的认识也在思考中变得更加深入。

　　精心设计基于整合的教学过程，精准定位、精炼学材、精选学法，既做"加法"又做"减法"，切实发挥整合的作用，让学习在课堂中真实而又生动地发生。作为数学教师，我们还将继续思考、不断实践⋯⋯

　　——部分内容原载于《小学教学研究》2021年第7期第20页至第23页《数学课既要做"加法"也要做"减法"——以"认识角"一课为例》（江萍）

用教材的主题图可以上好公开课吗?

——小学数学教学中有效利用教材资源的实践与思考

▷ 缘 起

　　每次上公开课或观摩课,我们总会看到这样的现象:教师们在设计教案时对教材中现有的主题图、练习题不闻不问不研究,挖空心思去开发别人没有见过或用过的新颖材料。有的教师甚至在一节课40分钟内都没有看数学书一眼,更别说做书上的习题了。教师们在花大量时间寻找资源的同时往往顾此失彼,其研究学生、教法学法的精力自然也所剩无几,最终的教学设计还是"换汤不换药",即修改了外显的内容,却没有实现本质的飞跃,有的甚至事倍功半。于是我们不禁要问:教材上的资源到底能不能用?怎样利用这些资源才最有效?恰巧此时,我接到省里的开课任务,随即选取了人教版《义务教育课程标准实验教科书 数学 三年级 下册》(2005年版)第9页例5这一教材资源进行尝试。

⌕ 经 历

　　"教材资源用不用,怎样用?"要回答这个问题,第一步是要深入解读,既要解读教材目标，也要解读学生，还要解读并分析教材资源；在此基础之上再设计教学预案才会有实效，实践才会更有意义。

第一步：解读

　　教学目标是导向，是一节课的"灵魂"所在。这节课究竟要让学生掌握什么？带着这个问题我仔细研读教材，发现本课主要是结合具体的生活情境，使学生会看含八个方向的简单路线图，并能描述行走的路线。在本单元前几节课的学习中，学生已经认识了东、南、西、北、东南、东北、西北、西南八个方向，初步学会根据一个给定的方向辨认其余的七个方向，并会看简单的路线图（四个方向），这为本课内容的学习打下了基础。

　　再看教材中的例题，其主题图是一幅动物园导游图（如图15所示），主要是让学生用八个方向词语描述物体位置及简单路线，综合运用所学知识解决简单的实际问题。就主题图的内容而言，动物园导游图既有效地承载了教学目标，清晰明了地体现了八个方向，同时又与生活实际紧密相联，符合学生的认知特点，相信三年级的学生对这样熟悉的场景一定会有研究兴趣。深入解读之后，我决定从主题图入手。

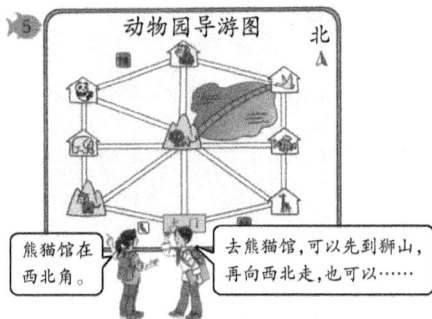

图15

第二步：设计

考虑到如果整节课中学生只对着一张主题图进行研究，可能注意力不能持久，于是我将主题图稍加变化分两次呈现。

第一次呈现（如图16所示）：

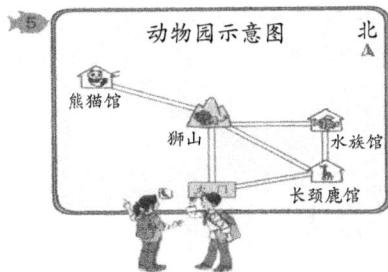

图16

主题图上只保留了熊猫馆、狮山、水族馆、长颈鹿馆等景点以及大门方位。先请学生介绍看到了什么，让学生用方向词语描述物体位置，然后请学生根据提示自己摆一摆其余四个景点的位置。

在学生通过分析尝试摆出四个场馆后，教材主题图随即变得完整。

第二次呈现（如图17所示）：

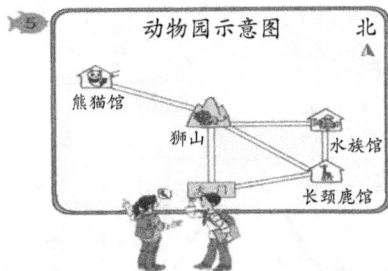

提示一：猩猩馆在狮山的北面　　提示二：大象馆在狮山的西面
提示三：飞禽馆在动物园的东北角　　提示四：猴山在狮山的西南面

图17

仔细观察，我们不难发现图17与教材中的主题图（如图15所示）略有不同，这幅图增加了每个场馆的名称，便于学生准确描述，同时，为有效利用图17达成目标，我设计了三个环节：

环节一：请学生描述从大门出发去熊猫馆等景点的路线与方向。

环节二：请学生描述从大门出发到自己最想去的景点的路线与方向。

环节三：请学生描述从大门出发游览动物园所有景点的路线与方向。

以上三个环节的设计最大限度地利用了教材主题图，充分发挥了其作用。试想，如果本课研究例题时只让学生解决"去熊猫馆该怎么走""去飞禽馆该怎么走"这两个问题，学生可能在5分钟之内就能完成。这样的问题解决方案较少，学生自主参与、自主选择会有局限性。所以我尝试着让学生根据自己的喜好自由选择景点和介绍路线，并遵循由易到难的原则，先请学生设计去一个景点的路线，再让学生设计游览所有景点的路线，层层递进。这样做，一方面可以充分发挥学生的主体性，让学生学会自主探索；另一方面也可以让学生全方位地认识、运用导游图，同时还能让课堂变得更有层次。

除了设计主题图的呈现内容与形式外，我也对教材中的习题进行了调整。

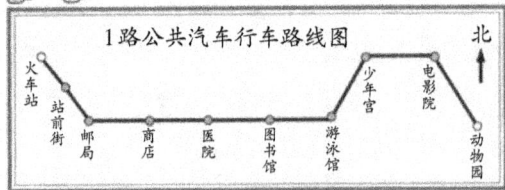

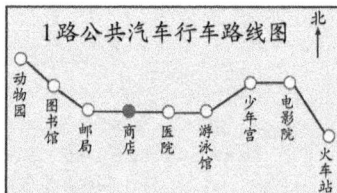

本课的练习"做一做"（如图18左所示）是请学生说一说1路公共汽车的行车路线，考虑到像这样的公交线路图的描述对于学生体会看清方向的重要性以及理解相对的概念有极其重要的作用，且在日常生活中也很常见，我们对这题进行了改编（如图18右所示）。

图18

改编后的练习：

（1）出示1路公共汽车行车路线图，说一说你看懂了什么。

（2）从动物园出发到火车站，1路公共汽车是沿着怎样的路线开的？

（3）讨论：从动物园出发到商店，1路公共汽车又是沿着怎样的路线开的？如果从电影院出发到医院，这时公共汽车的行车路线是怎样的？

同时，结合生活实际，改编后的练习还增加了具体任务：说一说从电影院出发去医院，应该在哪个站牌下候车（如图19所示）。让学生深刻体会看路线图时注意看清方向的重要性。

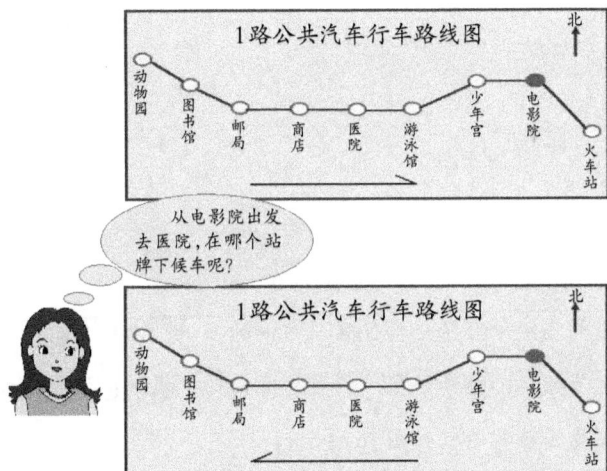

图19

在拓展练习中，我对教材中原有的习题（如图20所示）进行了改编（如图21所示），增加了寻找礼物环节，特别是寻找第二件礼物，学生除了需要应用路线与方向的知识正确地判断礼物所在位置之外，还需要仔细观察图例，并会准确估计距离才能解决，这使得练习的层次更分明、更具有挑战性。

(1)森林中的小动物各住在什么位置？
(2)为小熊设计一条送货路线，画下来。

图20

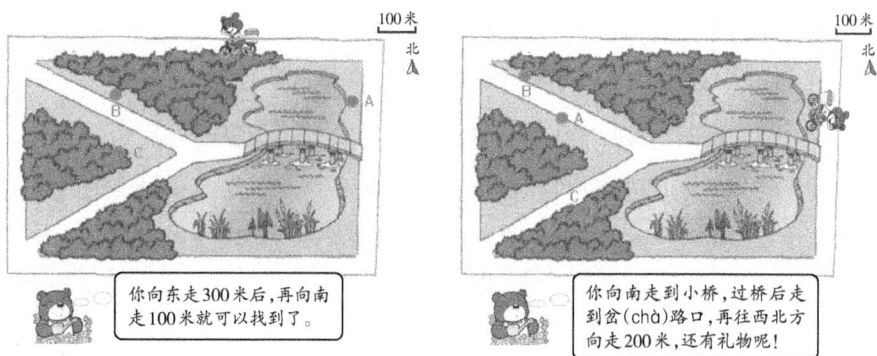

（1）根据熊爷爷的提示猜测两件礼物所在的位置。

（2）介绍森林中的小动物各住在什么位置。

（3）为小熊设计一条送货路线，画下来。

图21

第三步：实践

教学过程：

一、导入

1. 师：我们已经学习了一些位置与方向的知识，谁来介绍一下？

2. 师：这节课我们继续研究"位置与方向"。（揭题：位置与方向）

3. 出示动物园示意图（如图16所示）。

（1）请学生介绍从这幅图上看到了哪些景点，它们分别在什么位置。

（2）请学生根据提示将动物园的导游图补充完整。

提示一：猩猩馆在狮山的北面。

提示二：大象馆在狮山的西面。

提示三：飞禽馆在动物园的东北角。

提示四：猴山在狮山的西南面。

（请同桌的两位学生上来摆一摆）

（3）师小结：老师把各个景点之间的路添上去，就形成了一张动物园导游图，接下来我们就带上这张导游图，一起到动物园去走一走。

二、展开

1. 认识动物园路线图（如图15所示）。

（1）去熊猫馆该怎么走？

（2）除了熊猫馆，你最喜欢去哪个景点？从大门出发去该景点又该怎么走？（学生练习：在教材第9页上标明路线与方向）

（3）交流反馈。

（4）小结。

2. 试一试——认识公共汽车行车路线图。

（1）出示公共汽车行车路线图（如图18右所示），请学生说一说看懂了什么。

（2）师：从动物园出发到火车站，1路公共汽车是沿着怎样的路线开的呢？

（3）师：从动物园出发到商店，1路公共汽车又是沿着怎样的路线开的呢？如果从电影院出发到医院，这时公共汽车的行车路线是怎样的？

学生讨论，选择站牌。

（4）师小结：在看路线图时，还要注意看清方向。

三、练习拓展

1. 设计小熊送礼物的路线图（如图21左所示）。

（1）根据提示，请学生寻找礼物所在的方位。

（2）请学生设计送礼物路线。

说一说小松鼠、小鹿、小刺猬、小兔分别住在森林的什么位置（如图20所示），并设计路线（如图21右所示）。（练习：教材第12页第6题）

（3）交流反馈。

2. 总结。

感　悟

在对教材处理后执教这节课，有三点感悟我至今印象深刻。

感悟一：合理利用教材

本课设计利用了教材资源，即主题图与练习题，并在原有基础上做了进一步的改编。从教学效果分析，经过加工之后的主题图，将复习与新课的学习有机地联系在了一起。同样，改编后的小熊送礼物的练习，也有效地拓展了教学目标，激发学生更加积极主动地投入学习中。

感悟二：彰显学生个性

在这节课的学习中，学生自始至终都有充分表现自己、彰显自己个性的机会。如动物园导游图的学习，学生可以根据自己的喜好选择景点、设计路线，即使是去同一景点——熊猫馆，我也鼓励学生设计不同的游玩路线。正是这样的鼓励，激活了学生的思维，使学生充分体会了路线的多样化以及由于路线变化而带来的方向变化。有了自主选择的空间后，学生的思维就变得更活跃，课堂也变得更加灵活。

感悟三：有效达成目标

在达成既定目标之外，我们可以发现：通过对路线图的解读，学生的观察、思考、表达能力得以进一步培养。同时，通过"1路公共汽车行车路线图"的练习，学生体会了位置与方向的相对性及数学的简洁美，进而有效达成了本节课的教学目标。

记得在浙江省小学数学新教材教学研讨会中上完这节课后，有一位特级教师点评：这堂课充分利用了教材中的主题图与练习题，并通过挖掘、整合使课堂变得高效。这为我们有效利用教材资源提供了非常好的范例，值得肯定！

由此，我们得到结论：用教材中的主题图当然可以上好公开课！

——部分内容原载于《小学数学教育》2006年第6期第45页至第46页《"位置与方向"教学实践与反思》（江萍　马冬娟）

怎样让复习真正发生?

——"100以内的加法和减法(二)复习"一课学习材料的设计与思考

困 惑

众所周知,复习课难上,因为复习课既不能简单"炒冷饭",也不能"题海战术"满堂练,我们需要引领学生回顾梳理知识、形成体系,根据实际查漏补缺、拓展延伸,从而真正达成温故而知新的目标。那么,怎样才能让这样的复习真正发生呢?在2015年浙江省特级教师协会组织的送教活动中,我执教了人教版数学二年级上册(2013年版)"100以内的加法和减法(二)复习"一课,下面就以此课为例,与大家共同探讨如何基于学生,让复习真正发生。

课堂实践

(一)新课导入

揭示课题:100以内的加法和减法的复习。(板书:复习加减法)

（二）新课展开

1. 基于错例，查漏补缺。

（1）出示学生完成的计算题（前测题如图22所示），请学生说一说哪道题比较容易做错。

①$3 + 46 =$ ②$45 + 39 =$ ③$84 - 28 =$ ④$90 - 76 + 19 =$

图22

（2）展示学生的作业（如图23所示），让学生逐题评价：哪一个竖式正确，并说一说理由。

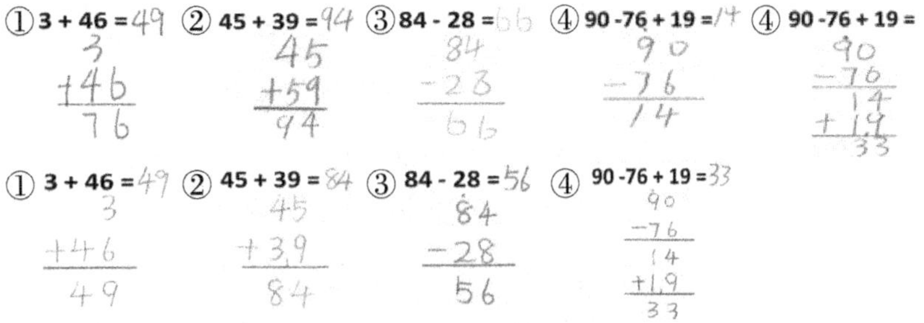

图23

预设：第一题错误的竖式中数位没对齐，第二题错误的竖式中数字抄错，第三题错误的竖式中忘记退位，第四题第一个错误的竖式中计算时漏了一步，第二个错误的竖式忘记写答案。

师归纳小结：请全做对的小朋友总结一下正确笔算加减法的经验。（板书：数位对齐、满十进一、退一当十）记住这些法宝可以让我们的笔算正确率更加高。

【设计意图】从学生前测的作业中选取笔算加减法的典型错例进行课堂分析，一方面能加强复习的针对性，让学生在辨析中进一步巩固笔算加减法法则，真正体现复习课查漏补缺的作用，另一方面，通过表扬做对的同学、请大家总结正确笔算加减法的经验等活动充分调动学生复习的热情。

2. 巧用方法，算得更快。

（1）"打气球"游戏：有A、B两个气球，哪个得数大，就让学生在学习单上把哪个气球的字母圈起来（如图24所示）。

（2）逐个出示气球，让学生独立完成。

（3）反馈：全屏出示，逐题校对。

图 24

师：你们是算出来的还是用其他办法的？说一说你的好办法。

（4）出示特大号气球（如图25所示），让学生：想一想哪个算式的得数大，为什么？如果想让B气球的得数大，括号里面该怎么填？如果想让A气球的得数大呢？

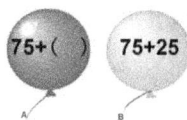

图 25

（5）小结：有时，用上巧办法可以让我们的计算更加快速。

【设计意图】通过算式大小的比较，进一步发展学生的推理能力，让学生学会根据实际灵活地选择比较方法，算得更巧妙更快速。根据二年级学生的特点设计以"打气球"的游戏形式呈现题目，以调动学生学习的积极性与主动性。

3. 联系实际，解决问题。

（1）"45＋39"可以解决哪些生活实际问题？学生举例后教师出示在前测中收集的题目（如图26所示）。

图 26

讨论：前两题为什么都用加法计算？（板书：求总数）你看得懂第三幅图吗？（板书：求较大数）

（2）思考：下面这些问题（如图27所示）可能与哪个算式有关？

图27

师：都是用"84－28"计算吗？为什么第四题不可以用84－28来计算？题目怎样修改一下就可以用"84－28"来计算了？

出示修改之后的题目（如图28所示）：

图28

师：说一说这些题目为什么都可以用减法计算。（板书：求部分数，求相差数，求较小数）再想一想哪一道题与现实生活中的情况不太相符，还有什么需要提醒编题的同学注意的。

（3）师：观察"45＋39＝84""84－28＝56"这两个算式，你有什么发现？哪些问题的解决需要同时用上这两个算式呢？老师也编了一道题（如图29所示），你能给它补上一个问题，使它需要用这两个算式来解决吗？

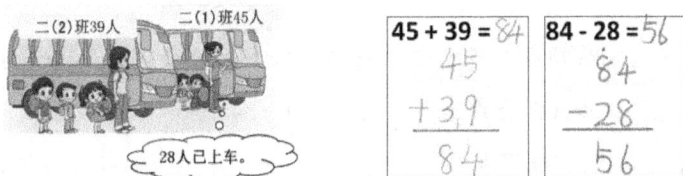

图29

出示问题：两个班一共有多少人？还剩多少人没有上车？

小结：看来这些算式还能帮我们解决很多实际问题，作用可不小。

【设计意图】通过看算式编问题，根据实际问题选择算式以及补充需要两步计算解决的问题等多种形式，沟通"算"与"用"、"图"与"式"的关系，梳理用加法、减法解决的几类问题的共同点，进一步培养学生的应用意识。

（三）练习拓展

1. 自主选题，交流拓展。

（1）出示问题：这张表格（如图30所示）中的一些数据模糊了，你能想办法恢复吗？下面有三道题，星级不同，你可以自主选择完成。

气 球	二（1）班	二（2）班	二（3）班
红气球 🔴	29个	21个	34个
绿气球 🎈	38个	✴个	3✴个
蓝气球 🔵	32个	49个	✴9个
合 计	✴个	100个	90个

图30

★二（　　）班的气球最少。

★★二（2）班有（　　）个绿气球。

★★★二（3）班有（　　）个绿气球和（　　）个蓝气球。

（2）学生独立完成并反馈。

★题方法预设：29＋38＋32或29＋（38＋32）。

★★题方法预设：100－21－49或100－（21＋49）。

★★★题方法预设：先确定缺失的个位上的数值，即用90－34－39或34＋3□＋□9＝90（列竖式思考）或90－9－34－30＝17确定缺失的个位为7，可知二（3）班有绿气球37个，再确定缺失的十位上的数值，即90－34－37（二(3)班蓝气球简便计算的方法）。

【设计意图】通过学生自主选择星级体现以生为本、分层教学的理念。三道题分别从不同的角度渗透了解决问题过程中策略的多样性，让学生在尝试、交流中开拓思路。

2. 小结梳理，方法迁移。

（1）整理形成"知识树"。

（2）请学生谈谈收获。

师：今天这节课我们一起复习了"100以内的加法和减法"，发现了很多算得又对又快的秘诀，摘到了"知识树"上的"智慧之果"，并且用它解决了生活中的很多实际问题。看来学好计算很重要，以后我们可以用这些"智慧之果"去解决1000以内、10000以内的加减法问题。

【设计意图】通过"知识树"的梳理，让学生初步感悟方法，帮助学生将零散的知识之间建立联系，发现相互间的关系，形成较为完整的知识体系。

课后思考

按上述教学设计，我尝试执教了这节单元复习课。从课堂效果来看，学生能主动参与，学得挺投入，思考也很积极。在课后，我特意访谈了十多位学生，他们告诉我这节课的很多材料源于他们自己，所以他们一看就很感兴趣。的确，源于学生的材料让孩子们倍感亲切，同时也让复习课堂因为"真"问题、"真"联系、"真"思考而变得更加真实生动。

（一）发现"真"问题，让查漏补缺落到实处

要真正发挥复习课查漏补缺的功能就必须基于教学实际，知道学生的易错点、易混点，因此对于学生前期作业的分析环节必不可少。在课前，我对全班44位学生进行了一次前测，并将结果进行了整理（如表3所示）。

表3 100以内加减法的复习前测情况统计表

题目	前测情况
笔算： ①3+46= ②45+39= ③84-28= ④90-76+19=	36人全对，约占81.8%。主要错误：数位对错（1人），进位错误（1人），退位错误（3人），漏写得数或步骤（3人）

续表

题目	前测情况
"45+39"可以解决什么问题？请你试着编一编，写一写；也可以用一幅图来表示这个算式的意思	34人编对，约占77.3%。在做对的学生中有约94.1%的学生编了求总数的问题，只有约5.9%的学生编出了求较大数的问题。主要错误分两类：第一类是只计算出了答案却没有编出相应的问题；第二类是用84个圆、三角形等实物图表示出了结果，学生以为这样就是编出了问题
"84-28"可以解决什么问题？请你试着编一编，写一写；也可以用一幅图来表示这个算式的意思	31人编对，约占70.5%。在做对的学生中有约74.2%的学生编了求部分数的问题，约16.1%的学生编了求相差数的问题，约9.7%的学生编了求较小数的问题。学生的主要问题是只会计算不会编题

经过整理，我发现学生在做笔算进位加法、退位减法、两步计算式题时容易出错。在解决问题时，他们对于部分与总数关系的一类问题比较熟悉，对于相差关系的问题比较生疏，如以前测看"84-28"这一道算式编题为例，在编对的学生中只有约25.8%的学生编出了相差关系（求相差数、较小数）的问题。此外，我还发现学生用图表示算式的意义这方面的能力比较欠缺。基于此，本课的教学设计我先围绕怎样"算得对"展开，通过出示前测的作业让大家一起分析问题，归纳整理出正确笔算加减法的秘诀。在看算式编题环节，我分类出示了学生编的部分与总数关系、相差关系问题以及线段图等题目，开拓学生的编题思路，引导学生将图与式建立起联系。通过呈现学生编写错误的题目、指出与实际不太相符的编题，帮助学生梳理数量关系，使其掌握解决问题的基本策略，真正达到查漏补缺的目的。

（二）建立"真"联系，让知识结构真正形成

在复习课中，我们需要将零散的知识串联起来，构建知识网，让学生梳理之后触类旁通。本节课我通过"45+39=84""84-28=56"两个算式，将计算与应用紧密结合在一起，从"算正确"到"用灵活"，充分体现算用结合的思想。通过寻找这两个算式间的联系，将单元教学中连续两个问题融入其中。在解决问题教学时，把用加法、减法计算的题目进行分析比较，从而得出求总数、较大数都可以用加法进行计算，而求部分数、相差数、较小数都可以用减法计算的结论，在归类梳理中明晰相互间的关系。同时，除了明晰数量关系，我还根据在前测中发现的学生画图能力不是很强这一问题，设计了"根据线段图说一说题目的意思"这一环节，沟通图与式的关系，让学生感悟到画图也是解决问题的方法之一。在课的最后，我设计了整理形成"知识树"（如图 31 所示）的环节，沟通知识间的内在联系，用算得"对"、用得"活"、算得"巧"来引领整节课的内容，并将这些方法迁移到今后的学习中，让知识结构得以真正形成。

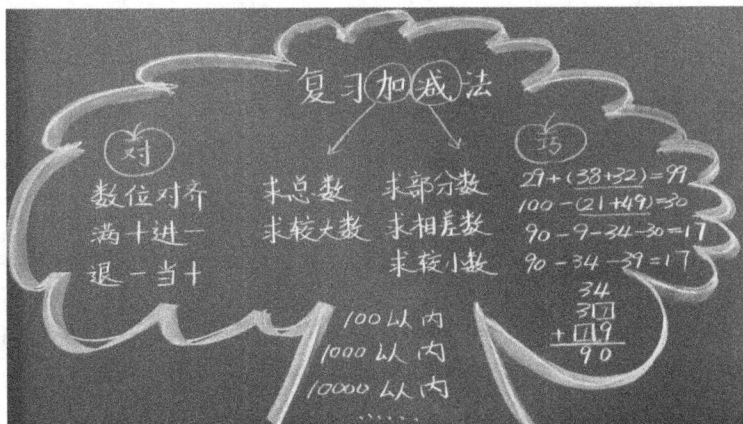

图 31

（三）引发"真"思考，让温故知新水到渠成

本节课在巩固笔算法则之后，安排了"打气球"环节，我给每位学生发了学习单，让学生独立记录比较结果。首先通过让气球都"飞"起来并在七八秒内上升消失，吸引学生集中注意力。在学生独立完成以后，全屏出示 6 组气球，让学生自己总结归纳快速比较算式大小的好方法。为了充分激活学生的思

维，我紧接着补充呈现了两个特大号气球 "75＋（ ）" 与 "75＋25"，在比较究竟哪个算式得数大的过程中进一步发展学生的推理能力。在解决问题的环节，从根据算式 45＋39＝84 判断所编的问题对不对，再到根据实际问题选择算式，将不对的问题进行再改编等任务，让学生积极进行数学思考，在不断的思辨中厘清数量关系。在课的最后，我设计了星级题供不同水平层次的学生选做，从而实现让不同水平层次的学生都能得到发展的目标。我欣喜地看到学生在解决这类题目时，既有用一般的方法，如用 "29＋38＋32" "100－21－49" "34＋3□＋□9＝90（列竖式）" 来分别解决一、二、三星级题，又有用巧算法的，如用 "29＋（38＋32）" 解决一星级题，用 "100－（21＋49）" 解决二星级题。选做三星级题的学生的解题思路更加多样，如有的学生用 "90－9－34－30＝17" 解决，还有的学生则直接用 "90－34－39" 来解决问题。由此可见，这类星级题的设计，一方面让分层教学落到实处，另一方面也真正引发了学生的数学思考，激活了学生的数学思维，让学生在温故中知新。

在课的总结部分，我听到了学生这样的发言："这节复习课很有意思，老师给我们看了大家的作业，在批改大家的作业时发现的错误让我们印象更深。""今天找到了很多算得巧、算得快的好办法。""今天的复习课很好玩，批批作业、打打气球、编编问题。""我发现计算的作用很大。" ……看来，只有基于学生，发现学生的 "真" 问题，引领学生找到知识间的 "真" 联系，引发学生的 "真" 思考，复习才能在课堂上真正发生。

——部分内容原载于《小学教学（数学版）》2017年第11期第49页至第51页《让 "复习" 真正发生》（江萍）

怎样让材料"静"下来？

——以"认识面积和面积单位"一课为例

▷ 引 子

　　面积是人教版数学三年级下册（2013年版）第五单元的教学内容。本单元的学习内容包括面积和面积单位，长方形、正方形的面积计算，面积单位之间的进率，用所学的面积知识解决简单的实际问题。这些内容的学习是在学生已经掌握了长方形和正方形的特征，并会计算长方形和正方形周长的基础上进行的。学生从学习长度到学习面积，是空间形式认识发展上的一次飞跃。学习本单元的内容不仅有利于进一步培养学生的空间观念，提高其解决简单实际问题的能力，而且能为其以后学习其他平面图形的面积打下基础。[①]因此，单元起始课"认识面积和面积单位"就显得尤为重要。面积概念是贯穿整个单元的核心内容，是学习其他相关内容的重要基础，在教学设计时我们需要思考三个问题。

---

①人民教育出版社,课程教材研究所,小学数学课程教材研究开发中心.义务教育教科书教师教学用书　数学　三年级　下册[M].北京:人民教育出版社,2014.

问题一：对于面积和面积单位，学生已经知道了什么？

课前调查显示，学生已经积累了大量关于"面的大小"的感性认识与生活经验。在课堂上，很多学生都能通过举例的方式用手势表示出面的含义，能够直观判断物体表面及平面图形的大小。但学生用语言描述"面"这样一个抽象的数学概念是困难的，他们往往更关注面而忽视面的大小，认为"面"等同于面积。同时，对于面积与周长这两个概念，学生难以正确区分，容易混淆。此外，在前测中，我发现学生对面积单位是比较熟悉的，但对这些面积单位的具体含义和实际大小却是比较模糊的。

问题二：如何定位这节课的教学目标？

基于学情分析，让学生经历探索物体表面和封闭图形大小的过程，真正理解面积的意义是本课的重点。从教材的编排意图看，学生无需叙述面积的定义，只需通过直观感受理解面积的内涵，认识面、感知面的大小即可。此外，教材例2通过对圆、正三角形和正方形三种图形的比较，发现正方形更适合作为度量面积的标准，从而让学生理解引入面积单位的必要性以及用正方形作为面积单位的合理性。在教学设计时我们也可以淡化面积单位形状上的比较过程——因为单凭这些材料还无法有力地说明问题。综上，我把引导学生感悟体会制定统一标准的必要性、建立起常用面积单位的表象作为本课教学目标之一，并安排在面积单元教学的第一课时进行教学。

问题三：选取什么材料与呈现方式？

根据面积这一内容的特点，我们知道在学习素材的选择上应以直观感知和操作为基础，借助学生熟悉的物体，通过设计有效活动，引导学生感知面的大小、直观理解面积的含义，在实践操作中真正理解物体表面的大小就是它的面积，建立面积概念。那么，在这样一堂操作活动较多的数学课中，我们是否可以考虑"动静结合"，让学生静下来自学掌握一些约定俗成的内容？比如在常用面积单位的教学中，是否可以尝试让学生先带着问题自学课本，初步了解关于面积单位的规定，然后通过量一量、找一找、估一估等活动建立常用面积单位的表象，让学生在活动操作与静心思考中提升学习力。

带着对以上三个问题的思考，我开始了这节课的实践。

🔍 课堂实践

"千课万人"核心素养下的小学数学"理想课堂"教学观摩活动

一、新课导入

1. 揭题：面积（板书）。

2. 交流：什么是面积，举例说一说。

二、新课展开

1. 认识面积。

（1）（呈现材料）任务一：

师：老师这里有两条关于面积的信息（如图32所示），你能看懂吗？说一说你看懂了什么。

图32

讨论、反馈。（板书：大小）

（2）任务二：

师：教室有面积，家有面积，你还知道哪里有面积？

提示：教室里哪些物品有面积，找一找、说一说。

师：比如数学书的封面有面积吗？请你指一指。

预设：数学书封面的大小就是数学书封面的面积；黑板表面的大小就是黑板的面积；粉笔盒上面的大小就是粉笔盒上面的面积，粉笔盒侧面的大小就是粉笔盒侧面的面积。

（3）师小结：物体表面的大小就是它的面积。（板书：物体表面的）

（4）（呈现材料）任务三：

师：下面的图形（如图33所示）有面积吗？

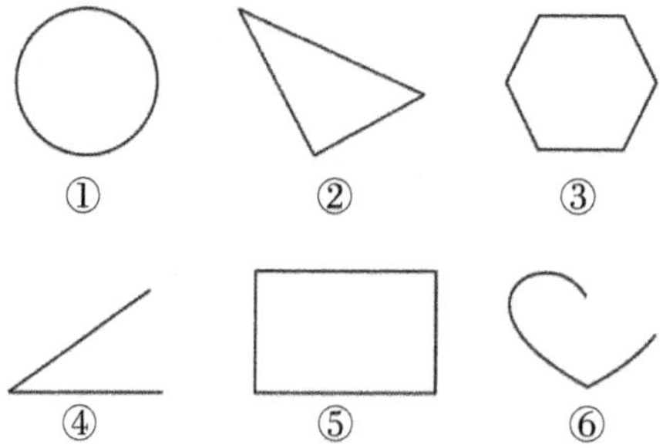

图33

讨论、反馈。

师：为什么图形①②③⑤都有面积，而图形④⑥没有面积呢？怎么变化一下它们才会有面积？

预设：把不封闭的图形改为封闭图形就有面积了。

（5）小结：封闭图形的大小就是它的面积。

2. 认识面积单位。

（1）师：刚才这两条信息都有单位"平方米"，它是面积单位，你还知道哪些面积单位？

预设：平方分米、平方厘米、平方毫米、平方千米、平方公里等。

（2）任务四：自学课本第63页。

师：这些面积单位究竟有多大？请大家自学并独立完成检测（如图34所示）。

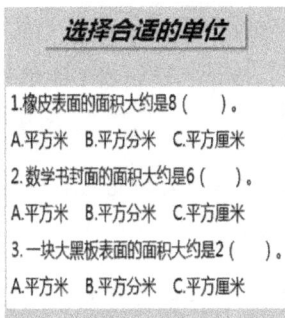

选择合适的单位

1. 橡皮表面的面积大约是8（　　）。
A.平方米　B.平方分米　C.平方厘米
2. 数学书封面的面积大约是6（　　）。
A.平方米　B.平方分米　C.平方厘米
3. 一块大黑板表面的面积大约是2（　　）。
A.平方米　B.平方分米　C.平方厘米

图34

师：请同学们说一说你是怎么填的。第一题能填平方米吗？为什么？第二题为什么填平方分米？第三题为什么不填平方厘米和平方分米？

（3）师小结：看来要把单位填准确，还要知道1平方厘米、1平方分米、1平方米到底有多大。

（4）任务五：

学生操作，在学具袋中找一找与这些常用的面积单位有关的物品（图形），具体感知常用面积单位的大小。

讨论1平方厘米：边长是1厘米的正方形的面积是1平方厘米。

请学生从学具袋里找到面积是1平方厘米的图形（学具袋里有2平方厘米、1平方分米、1平方厘米、4平方厘米的物品），并说一说是怎么找到的，再请学生举例生活中哪些物体面的大小大约是1平方厘米。

预设：拇指的指甲盖、纽扣面的大小差不多是1平方厘米。

讨论1平方分米：边长是1分米的正方形的面积是1平方分米。

请学生从学具袋里找到面积是1平方分米的图形并交流判断方法，同桌互相验证，再请学生举例生活中哪些物体面的大小大约是1平方分米。

预设：开关的面、粉笔盒的一个面、手掌面的大小差不多是1平方分米。

讨论1平方米：边长是1米的正方形的面积是1平方米。

请学生思考学具袋里有没有1平方米的图形，或用手势比画一下1平方米有多大，再请学生找一找生活中哪些物体的一个面的大小大约是1平方米。出示一张1平方米大小的报纸，请学生猜一猜1平方米的正方形内能站下多少个同学。

学生体验：1平方米的正方形内大约能站下几个同学。

（5）讨论：面积单位的适用性。

师：1平方毫米、1平方千米又是怎么定义的？为什么要定义这么多面积单位？如果只用平方米作为面积单位可以吗？

师小结：要度量图形的面积首先需要统一面积单位，有多少个这样的面积单位，图形的面积就是多少。要根据面积的大小选用相应的面积单位。

（6）播放微课：统一面积单位。

三、练习拓展

1. 练习：判断下列说法是真的还是假的。

（1）一张市民卡的面积大约是50平方分米。

（2）学校教学楼的高度大约是15平方米。

（3）教室中一张学生课桌面的面积大约是24平方米。

2. 总结拓展。

💡 课堂点评

在观摩活动中上完这节课后，教研员进行了现场点评，听课教师也纷纷通过互动平台留言评课。从大家的点评中，我发现这堂课给大家留下深刻印象的是：教学内容的取舍、材料呈现的方式、教师的引导以及学习氛围的营造等。

🏅 教研员的课堂点评（节选）

面积，这在生活中是一个很常见的词，但它作为数学概念，对学习者——三年级的学生来说却是比较抽象的。教师根据自身的理解对内容进行了处理与取舍，同时在先进教学理念的指导下，通过丰富的教学活动及精当的教学策略设计、谈话式轻松氛围的营造，使学生在掌握面积相关知识的基础上，自学、表达等能力都获得了提升。

首先给我们留下深刻印象的是教师重视学生生活与知识经验、心理发展水平及注重促进能力发展的生本观：**重视经验，确定起点**。在现代生活中，面积无处不在，大到居家买房，小到选择手机屏幕等都与面积息息相关。但这些生活元素是否渗透到了学生的生活中呢？为此教师专门进行了前测，确定学生对此有所接触，能为教学提供适当的帮助和参考，因此，以此为前提设定教学起点。**研究分析，合理取舍**。正如前面所述，与面积相关的知识点众多，那对于这些知识，学生是否能在一节课有限的时间里全面理解？同样地，这些知识对学生的学习历程来说是否同等重要，是否有轻重缓急之分？这些知识是否非得在一节课上讲述，有没有其他途径可寻（比如在其他课时讲述）？在对这些问题进行了深入的分析研究之后，教师确定了以理解面积的意义及建立相应面积单位的表象为重点的教学内容，而对于统一面积单位的必要性教师则通过其他途径补充。这样既突出了重点，又降低了难度、提高了效率。**着眼发展，提升能力**。教学目标的设定首先是习得相应的知识，但仅有知识的教学显然不是数学教育的全部。教师非常重视在知识教学的同时促进学生能力的发展。首先是重视学生自学能力的发展，不仅要学生自学书本上的相关知识，还为学生设计自学单，引导学生目标明确、条理清晰地进行自学；同时，在质疑、深化的环节中，引导学生用自己的语言表达自己的所思、所想、所惑、所获。只有着眼学生发展的教学，才能体现出数学教育的真谛。教师为大家做出了很好的示范。

此外，教师精当的教学设计及在课堂里注意教学氛围的营造也给我们留下了很深的印象：**直接入题，形式简洁**。本堂课的目标是理解面积的意义和建立相应面积单位的表象，而对于这两个问题的提出，教师都没有迂回、绕弯，而是直接入题（面积，你听说过吗？1平方厘米有多大？……）。这样的设计，既使教学形式简洁，又使学生学习目标明确，节约了教学时间。**问题牵引，强化目标**。教师在设计直接入题的教学形式时，不是以陈述的方式进行的，而是以问题牵引的方式展开，进一步强化并细化了目标（诸如面积大小指什么？怎样的图形有面积？面积有单位吗？1平方厘米有多大？……）。**多管齐下，助力感知**。在抽象概括的基础上，帮助学生建立相应面积单位的表象，显然是本课教学的重点。教学时通过触摸、贴图、举例、课件展示等多种形式，以及观察、比较、感知、描述等途径的助力，使学生形成正确的面积单位的表象。**师生对话，氛围轻松**。在教学过程中，教师努力营造轻松活泼的学习氛围，以平等的姿态、对话的形式，使学生在轻松愉悦的氛围中进行学习。

🏅 一线教师的课堂点评（节选）

<u>138****0573</u>　开朗的江萍老师上课时很有亲和力，用亲切又接地气的语言与孩子们交流，和孩子们玩在一起，学在一起。她时而幽默地点评，时而俏皮地回应，就像俏皮可爱的大姐姐，引领着三年级的孩子们轻松地学习了抽象的面积概念和面积单位。

<u>158****0202</u>　江老师让学生通过体验感受面积单位的大小，让学生加深记忆，增强了学习效果。

<u>139****2566</u>　江老师用亲切的语言引领学生走进面积的世界，让学生借助实物、图形去感知面的大小，真正理解面积的意义。通过学一学、选一选、认一认三个环节，帮助学生逐步建立面积单位的表象，让学生真正理解面积

单位。

159****1388 江老师甜美的声音吸引了我。面积的认识是一节种子课，江老师在上这节课时开门见山。孩子们对面和面积不是零认知，有的孩子听说过面积，有的孩子听说过面积单位，江老师基于他们的认知起点展开教学，尊重孩子，以生为本。我想，一堂好课，就是基于学生的生活经验，把数学带进生活，把孩子领进数学。

150****8990 江萍老师抓住重点处理教材，从生活经验出发，尊重了学生的认知经验。

135****1931 江老师的课上得好，让学生去体验，去思考，太棒了！

133****5765 舍去走马观花的面面俱到，追求深入浅出的理解到位，其中的取舍，彰显了教学智慧，真正关注了学生的核心素养。江老师通过让学生在学具袋中找一找面积单位，说一说身边近似1个面积单位大小的物体，让面积单位的表象建立在探索、体验的基础上，这样学生对面积就变得很有"感觉"了。

180****3168 江老师从学生的生活经验出发，尊重学生的认知起点，激发学生的学习欲望。教学中的自学环节把学习的主动权让给孩子，让他们自主认识、理解常用的三个面积单位，并恰当处理教学内容。我想这正是理想课堂所要追求的。

187****4887 江老师的课很有条理，环环相扣，层层递进，让学生对于面积有了更深刻的认识。

136****8898 江萍老师注重学生的主体地位，注重让学生成为课堂的主人，老师在其中仅仅起到穿针引线的作用，主要让学生自己去体验，去验证，去获得。

课后思考

（一）材料"静"下来，氛围浓起来

实践证明：当我们将面积单位的相关知识以自学材料的方式在课堂上呈现时，学生自主学习的氛围就更浓厚了。教材中关于1平方厘米、1平方分米、1平方米认识的编排内容基本上是相同的，都是先用文字介绍其在数学上是如何规定的，再通过数学活动，让学生感知这些面积单位的实际大小。既然是数学规定，学生在课前对常用面积单位也有一定的了解，因此在面积知识的操作活动之后提供课本材料让学生静下来自主学习是非常适宜的。课堂上"动静结合"的材料处理方式，一方面激发了学生的研究兴趣，另一方面也大大提高了课堂效率，让数学学习在课堂上真正有效地发生。

（二）材料"静"下来，思考多起来

在本节课学生自学面积单位材料这一环节，我设计了两组问题，即思考这些面积单位究竟有多大与选择合适的单位。回答面积单位究竟有多大的问题需要学生细读文字，而选择合适的单位需要学生理解文字所表达的实际意义，并借助生活经验与空间想象才能正确进行填写。由此可见，尽管从表面上看这组材料只需要学生静静地看与做，但如果没有学生活跃的思维与深刻的思考，这组题就将无法答好。实践证明：适时以静态的方式呈现数学规定、围绕问题展开学习，能让学生的思考更加积极。

（三）材料"静"下来，能力强起来

《义务教育数学课程标准（2022年版）》指出：有效的教学活动是学生学和教师教的统一，学生是学习的主体，教师是学习的组织者、引导者与合作者。[①]本课设计自学环节的目的是培养学生自主学习能力，通过自学检测题以及在学具袋中找一找这些常用的面积单位、举出生活中的实例，一方面检测了学生的自学成果，另一方面帮助学生正确建立起面积单位表象，加深了学生对量的实际意义的认识，进一步培养了学生的估测能力。

由此可见，"静"下来的材料完全可以激活学生的思维。根据教学内容、学习材料的特点以及学生的学情，设计适宜的材料呈现方式，适时让材料"静"下来，这样的教学方式值得我们每一位数学教师进一步研究与实践。

---

① 中华人民共和国教育部.义务教育数学课程标准(2022年版)[M].北京:北京师范大学出版社,2022.

怎样让材料"动"起来?

——以"图形与几何"领域教学内容为例

◢ 听课有感

某日工作室成员上课,内容是人教版数学五年级下册(2013年版)"组合图形的面积"。课到练习部分,出示了这样一道练习题(如图35所示)请学生自己试一试。

校园里的花坛(如右图所示)中间有一条宽度为1米的小路,你能计算出这个花坛中草坪的面积是多少吗?

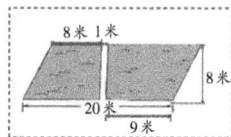

图 35

交流汇报时学生的解题方法多样(如图36所示),既有左右两个梯形面积相加的方法(方法一),也有平行四边形面积减去长方形面积的方法(方法二),还有学生想到了通过平移把草坪拼成一个平行四边形或一个长方形计算的方法(方法三、四)。

图 36

方法一：

$S_{梯小} = (a+b) \cdot h \div 2$
$= [8+(20-1-9)] \times 8 \div 2$
$= (8+10) \times 8 \div 2$
$= 18 \times 8 \div 2$
$= 144 \div 2$
$= 72 (平方米)$

$S_{梯大} = (a_1+b) \cdot h \div 2$
$= (20-8-1+9) \times 8 \div 2$
$= 20 \times 8 \div 2$
$= 160 \div 2$
$= 80 (平方米)$

$S_{组} = S_{梯小} + S_{梯大}$
$= 72 + 80$
$= 152 (平方米)$

方法二：

$S_{组} = S_{平} - S_{长}$
$= a_1 h - a_2 b$
$= 20 \times 8 - 1 \times 8$
$= 160 - 8$
$= 152 (平方米)$

方法三：

$S_{组} = S_{平}$
$= ah$
$= (20-1) \times 8$
$= 19 \times 8$
$= 152 (平方米)$

方法四：

$S_{组} = S_{长}$
$= ab$
$= (20-1) \times 8$
$= 19 \times 8$
$= 152 (平方米)$

对于前两种方法，学生容易理解，只要讲清是哪两个图形组合或面积相减之后算法自然就清晰了。相对而言，第三种、第四种中的平移法就需要学生运用空间想象力，将图形平移后形成平行四边形、长方形并正确地分析出底与高的实际长度进行计算。在课堂上，当学生把几种方法汇报完毕之后，教师运用课件对上述方法进行了回顾与梳理，讲到平移法时，教师还巧妙地让草坪"动"了起来（如图37所示）。经过巧妙地平移拼组形成新的平行四边形、长方形后，刚才存有疑惑的学生也豁然开朗，直呼现在看懂了平移法，这个方法真的够简单、够巧妙。

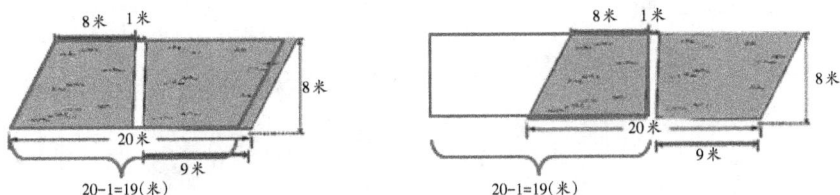

图 37

这个课堂片段令我印象深刻，在图形与几何内容的教学中，我们根据需要适时让静止的图形"动"起来可以帮助学生更形象直观地理解知识，从而进一步发展学生的空间观念。

于是，我也在自己的课堂中进行了尝试。

🔍 课堂实践

案例一：第一学段——角的认识

教学人教版数学二年级上册（2013年版）"角的认识"时，基于学情与对单元教学内容的整体性考虑，我们把认识锐角、直角、钝角等内容放在单元第一课时，并适时穿插了微视频在课中播放，帮助学生明晰要点。

片段一：量直角

过程回放：

◆请学生用吸管自己创造一个角。

◆全班交流展示：教师先在黑板上贴好学生创造的角，然后请学生介绍是怎么创造的。思考：这些角中有直角吗？请学生上来指一指并说一说怎么知道这是直角。

◆验证：微视频播放——介绍用三角板的直角去比一比的方法（画面如图38所示）。当这个角的顶点、两条边与三角板的直角顶点与两边完全重合时，就说明这个角是直角。

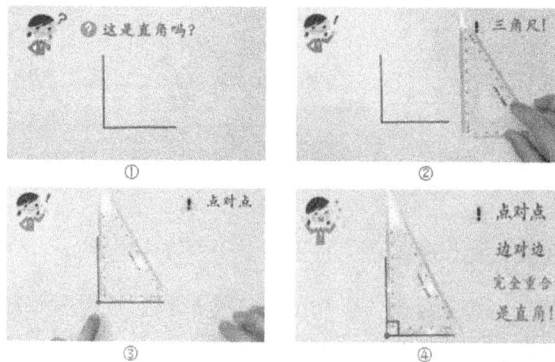

图38

课堂效果：动画加音效的小视频形象地展示了直角的判断过程，学生看得趣味盎然。

片段二：玩一玩角

过程回放：

认识直角、锐角、钝角之后，请学生玩一玩用吸管做的角。

◆学生操作：分别做出一个锐角、直角、钝角。

◆以锐角为例，请学生想办法把角变得大一点，再变得小一点。同桌合作：一人提要求，一人变化角。

◆讨论交流：请学生思考怎样可以让角变得大一点，怎样可以让角变得小一点。教师揭示：两条边张开的角度越大，这个角就越大；两条边张开的角度越小，这个角就越小。用视频动态展示锐角、直角、钝角、平角以及周角的形成过程及相互联系（画面如图39所示）。

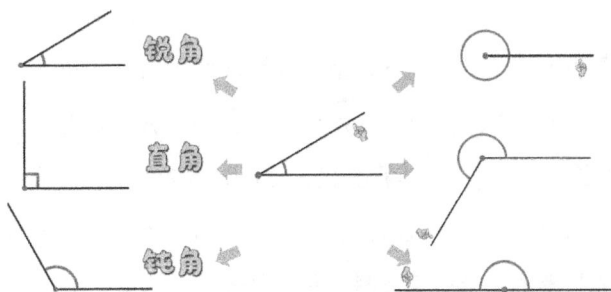

图39

课堂效果：动画加音效的小视频形象地展示了从锐角、直角、钝角、平角再到周角的演变过程，学生看得专注，对角的大小感受也更加深刻到位。

片段三：感受角的用途

过程回放：

◆请学生举例生活中的角。

◆依次出示滑梯图（如图40所示），请学生找一找滑板与地面形成的角

067

（课件标注），想象在不同角度滑梯上体验时的场景并交流。根据学生交流情况，适时用课件动画演示在不同角度滑梯下滑时的场景。

图 40

◆小结。

课堂效果：课件形象地呈现了角度大小不同的滑梯，同时还用动画加音效的方式生动演示了在不同角度滑梯上体验时的场景，学生乐此不疲，看着动画演示讨论着滑梯角度到底为多少才合适，甚至都不愿意下课……

案例二：第三学段——平面图形面积总复习

"平面图形面积总复习"是人教版数学六年级下册（2013年版）第六单元的教学内容。对于本课的设计，我从梯形的面积计算公式入手，将它与三角形、平行四边形、长方形、正方形、圆的面积计算公式联系起来，沟通它们之间的相互关系，帮助学生形成良好的认知结构，进一步发展空间观念。

片段："动"起来，让平面图形"联"起来

过程回放：

◆回顾梳理：课件出示平面图形，梳理面积计算公式，寻找内在联系（如图41所示）。

你知道这些平面图形的面积计算公式吗?

长方形	正方形	平行四边形	三角形	梯 形
$S=ab$	$S=a^2$	$S=ah$	$S=\frac{1}{2}ah$	$S=\frac{1}{2}(a+b)h$

图 41

◆动手试一试:请学生根据所提供的具体数据,动一动笔分别计算出图形的面积。

◆沟通联系:从梯形面积计算公式入手,组织学生讨论三角形、平行四边形、长方形、正方形的面积计算公式与梯形的面积计算公式之间的关系,用课件动画演示梯形与上述图形的转化过程,让学生理解公式间的相互关系。随后,引导学生思考圆的面积计算公式和这些图形的面积计算公式的联系,借助课件动画演示,理解圆的面积计算公式与三角形面积计算公式间的关系(如图42所示)。

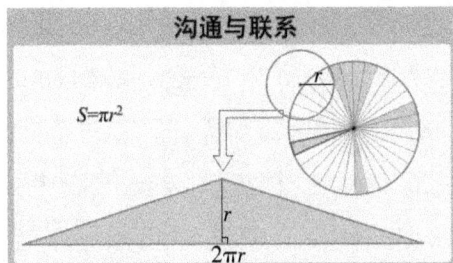

沟通与联系

$S=\pi r^2$

$2\pi r$

图 42

◆总结回顾:整理沟通这些平面图形面积计算公式的内在联系(如图43所示)。完成练习。

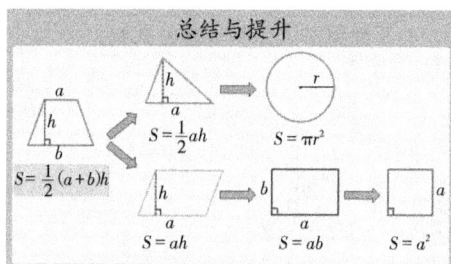

图 43

课堂效果：通过课件动画演示，清晰、形象地展示了梯形、平行四边形、长方形、正方形、三角形、圆的转化过程以及对应边长的变化情况，学生看得专注，课堂研讨氛围浓厚。

💡 课后感悟

感悟一：材料"动"起来，兴趣更浓厚

从课堂教学效果看，无论是第一学段"角的认识"还是第三学段"平面图形面积总复习"，教师在课堂上采用课件或视频的方式呈现学习材料，让材料"动"起来，都进一步激发了学生的研究兴趣。如量直角的微视频有效地避免了语言描述欠直观、演示不够清晰的问题，把"点对点、边对边"的量直角方法演示得清晰而又生动。同样地，伴着音乐节奏出现的有关角的大小演变的小视频符合二年级学生的认知特点，可激发学生积极地参与到数学活动中。而三个滑梯的生动演示更是完全吸引了学生的注意力，学生在课堂上积极思考、热烈讨论、兴趣浓厚，直到下课铃声响起都还意犹未尽，感叹"这个会动的角真好玩，我很喜欢这样的数学课"。可见，根据学生的认知特点与教学实际，让材料适时地"动"起来能有效激发学生学习的积极性，而当学生怀着浓厚的研究兴趣积极主动地投入学习中时，其思维就会被进一步激活，课堂自然更

精彩。

感悟二：材料"动"起来，理解更到位

在"平面图形面积总复习"一课中，我通过课件动画演示，将梯形的面积计算公式与其他平面图形的面积计算公式紧密联系在一起，直观形象地呈现了梯形边 a、b 和高 h 与其他平面图形的面积公式中相关数据的变化关系。比起教师在课堂上平铺直叙的讲解，动画演示则更能帮助学生深入理解公式的意义及常见平面图形之间的相互联系，进一步发展学生的空间观念。"角的认识"一课与此类似，受二年级学生知识能力水平的限制，本课的学习目标定位于让学生初步认识角，知道角的各部分名称，并通过观察、分类等活动，初步认识直角、锐角和钝角，会用三角尺进行判断，知道角的大小与什么有关。关于角的其他知识，我们将在以后进一步学习。尽管画角、用吸管做角、比角等操作活动比较简单，但教师仍然要精心设计材料，紧扣角的构成——一个顶点、两条边来展开教学。以比角为例，课堂上的微视频能够非常直观地引导学生学会把三角尺上直角的顶点与被比角的顶点重叠在一起，再将三角尺上直角的一条边与被比角的一条边重合，最后比较三角尺上直角的另外一条边与被比角的另外一条边，并据此做出判断。①这能帮助学生更加清晰地理解操作步骤与要领，让学生进一步感受角的大小，增强对锐角都比直角小、钝角一定比直角大的直观感受，让其对知识的理解更到位。

感悟三：材料"动"起来，思考更深入

实践证明：在课堂上让材料适时以动态方式呈现，能让学生的思维随之活跃起来，学生对问题的思考也会更深入。例如，虽然从教材内容的编排分析，

---

① 人民教育出版社,课程教材研究所,小学数学课程教材研究开发中心.义务教育教科书教师教学用书 数学 二年级 上册[M].北京:人民教育出版社,2016.

小学阶段在"角的认识"中学生只需理解角的静态定义（即从一点引出两条射线组成的图形叫做角），但这与后续学习关于角的知识（如角的度量、角的大小）和角的动态定义都有着密切的关系。因此，适当考虑"动静结合"，让学生在操作活动中初步感知角的动态定义，培养学生的空间观念也成为第一学段教学时的目标之一。正是基于这样的思考，我在"角的认识"中设计了一个小视频，动态展示了锐角、直角、钝角、平角以及周角的形成过程，通过教师巧妙的问题引领（即"怎样让角变得大一点？""怎样让角变得小一点？""现在它还是角吗？"），让学生边看边思考，体会到"角的两条边张开的程度越大角越大，角的两条边张开的程度越小角越小"，帮助学生建立角的完整概念、进一步深化对角的认识，为学生后续学习平角、周角，理解角的动态定义奠定必要的基础。"平面图形面积总复习"中的动画演示也是如此，它有效引领学生进行思考，面积公式的整体架构、转化思想的巧妙渗透都在学生逐步深入的思考中不断内化。

　　由此可见，无论是五年级的"组合图形的面积"、二年级的"角的初步认识"，还是六年级的"平面图形面积总复习"，在几何与图形领域的教学内容中，教师让静止的材料适时"动"起来，能让学生的探究兴趣更浓厚、理解更到位、思考更深入，以此可进一步发展学生的空间观念。除了图形与几何的教学内容，其他领域的内容也是如此。当然，材料动态演示的目的并不是追求形式，它是一种辅助教学的方式，为学生提供更加直观的学习资源，便于学生理解、突破教学的重难点。教师根据教学内容，将猜想验证与动态演示充分结合，通过出示问题、提出猜想、演示验证、总结交流等步骤，让学生独立思考问题，提出自己的猜想，然后经由动态演示过程进行推理验证，进而对得出的结论进行讨论，对自己的猜想进行反思。通过上述过程，能进一步培养学生的思维能力，让课堂学习更加有效。

"黄豆"，需要吗？

——以"数的认识"教学为例

▷ "黄豆"之问

某日听课，教师执教人教版数学二年级下册（2013年版）中"万以内数的认识"。课上到让学生具体感受10000有多大时，教师提出问题："在生活中你见过10000吗？你知道10000颗黄豆有多少，这个袋子装得下吗？"随即老师出示了一个袋子。

这个问题不好回答，这是我的第一反应，因为在日常生活中我们对10000颗黄豆缺乏具体的感知，要一下子准确地说出答案，感觉有点无从下手。正当我纳闷时，学生纷纷举起小手说出自己的猜想，可能是因为刚接触大数，所以全班同学都认为一个袋子装不下10000颗黄豆，随即出现了1000袋、500袋、200袋、10袋、5袋……答案五花八门、应有尽有。

这时，教师突然从讲台下面拎出另一个大袋子，神神秘秘地问道："知道这个袋子里装的是什么吗？老师告诉大家，就是10000颗黄豆。"听到这个答案，全班哗然。"老师，不可能的，10000颗黄豆怎么会这么少？""老师，你倒出来数数看。"可能因为猜想与事实太不一致，学生众说纷纭，这大半袋子的黄豆到底有没有10000颗成了课堂上学生关注的焦点，该如何验证才能让学生心悦诚服地接受成为教师在课堂上必须解决的问题。

听到这里，我既替上课教师捏把汗，同时也像学生一样急于知道答案。这时，只听教师说道："这些黄豆的确有10000颗，老师昨天晚上花了整整3小时数出来的。"全班再次哗然："老师数得太慢了……"议论声此起彼伏。

这不禁也引发了我的思考：10000颗黄豆在这节课中需要出现吗？

🔍 "黄豆"之思

在这节课中教师为什么会想到用黄豆？我想：首先，作为数概念的教学内容，数感、量感培养是本课的教学目标之一，借助实物，通过估计、体验等活动具体感知10000的大小，有利于培养学生的数感、量感。其次，二年级的学生以直观形象思维为主，借助实物感知数的大小能充分激发学生的研究兴趣。以上两点是不是上课教师设计教案时的想法呢？于是，带着问题，我与教师进行了交流。答案基本如我想的那样，只是上课教师还补充了一个原因：很少看到在课堂上用黄豆作为材料让学生感知10000有多大，对于10000颗黄豆装在袋子里的情况，学生也基本没有概念，所以特意选择黄豆让学生进行具体量的感知。在交流中，我还了解到为了让学生体验10000颗黄豆究竟有多少，教师煞费苦心，在课前做足功课：首先计算10000颗黄豆大概有多少重，然后去超市买黄豆，最后在晚上一颗颗地数好黄豆进行验证。上课教师这番用心良苦着实令人佩服，但实际的教学效果与预期的是否一致呢？最初教师的材料选择是从新颖性角度考虑的，希望让学生增长见识。但从材料准备的过程以及课堂教学效果来看，黄豆是否适用于认识10000这样的大数值得商榷。第一，材料准备的过程过于烦琐，教师在课后也曾感叹以后不上这样的课了，因为数黄豆把自己累坏了。这种事倍功半的材料设计给我们带来了思考与启示。第二，感知

10000颗黄豆有多少对于学生数感、量感的培养的确有帮助，但类似的实物其实有很多，这样的学习材料是否足够典型？有没有更好的材料可以取代黄豆？第三，如果选择黄豆作为感知10000有多大的材料，怎样调整呈现方式才能让教学更加有效？第四，类似黄豆这样的材料在数概念课中要不要出现？在什么课上用比较适宜？带着这些问题，我开始了对"数的认识"材料选择的思考与尝试。

"黄豆"之用

一、教材简析

数的认识是小学数学"数与代数"教学领域的重要内容，是学生学习数的运算和解决问题的直接基础。小学阶段，数的认识包括整数、小数、分数的认识。以"整数的认识"为例，教学内容如表4所示。

表4 人教版小学数学（2013年版）"整数的认识"教材体系梳理表

项目	内容	
	册数	教材内容（序号为单元数）
第一学段	一年级上册	③0～5的认识 ⑥6～10的认识 ⑦11～20的认识
	一年级下册	④100以内数的认识；摆一摆，想一想
	二年级下册	⑤万以内数的认识
第二学段	四年级上册	①大数的认识（亿以内、亿以上）⑪1亿有多大

根据教材体系，"整数的认识"分别安排在一年级上册、一年级下册、二年级下册与四年级上册中。先认识20以内的数，再认识100以内的数，然后再是10000以内的数。到了第二学段四年级上册，学生将认识大数即亿以内、

亿以上的数。在数概念课中，认识计数单位、理解相邻计数单位的十进关系、掌握数的组成、会进行数的读写和大小比较、培养数感等都是基本教学目标。在这四个阶段中，"万以内数的认识"是整数的认识的主要内容。因为这一阶段的认数，包含了整数的认识的所有要素，如数的表示、满十进一的进位制、数位、各个数位上数字所表示的值等，学生也将认识从"一"到"万"的计数单位，包含了一个完整的数级。这是认识更大的自然数和大数计算的基础，在日常生活中也有着广泛的应用。[①]

二、学具梳理

学生在认数的过程中需要借助直观的模型，"形"作为学生学习的载体，能将抽象的数形象化，以便学生较好地沟通数的意义、数感和读、写数方法的联系。因此，教材中有各种直观模型，如几何模型、点子图、小棒、带数位的计数器、数轴等，从直观到半直观半抽象再到抽象，使学生在观察、操作等活动的基础上掌握概念中诸多重要但又较抽象的内容。[②]这些认数工具基本可以分为两类。第一类是直观、齐性的学具，如点子图、小棒、小立方体等，将它们"结构化"，即10个一列、10列一面、10面一体之后，能让学生感受到十进制。第二类是齐性、逻辑结构化的学具，如计数器、算盘等。这些学具在教材中都有出现。除此之外，在理解数的意义时，教师还应注意联系生活实际、借助具体情境、利用生活中的素材帮助学生理解数的相关知识，使学生形成对数的良好直觉。由此可见，根据教学内容选择适合的学具、素材，让其有效发挥作用就显得非常重要。

---

①人民教育出版社,课程教材研究所,小学数学课程教材研究开发中心.义务教育教科书教师教学用书　数学　二年级　下册[M].北京:人民教育出版社,2016.
②人民教育出版社,课程教材研究所,小学数学课程教材研究开发中心.义务教育教科书教师教学用书　数学　二年级　下册[M].北京:人民教育出版社,2016.

三、数感、量感解读

众所周知，"数的认识"是培养学生数感、量感的重要内容与载体。那么，什么是数感？数感主要是指对于数与数量、数量关系及运算结果等的直观感悟。建立数感有助于学生理解数的意义和数量关系，初步感受数学表达的简洁与精确。什么是量感？量感主要是指对事物的可测量属性及大小关系的直观感知。建立量感有助于学生养成用定量的方法认识和解决问题的习惯，是形成抽象能力和应用意识的经验基础。[①]那么，在"数的认识"中应该怎样培养学生的数感及量感呢？首先可以通过现实素材让学生感受数的意义，体会数在日常生活中的作用；其次可以让学生尝试用多种方法表示数，用数进行表达与交流；最后创设情境让学生学会把握数的相对大小关系，能估计数。[②]可见，教师适时选取生活中的素材进行教学，能进一步加强数学与生活的联系，是有效培养学生数感、量感的途径。同时，教师利用有效素材组织学生进行讨论、交流、互相启发、互相学习，体会估计数的大小、丰富对数的认识，能让数感、量感的培养落到实处。综上所述，学生日常生活中熟悉的黄豆应是培养数感、量感的素材之一，那么怎样用才合适呢？

四、材料示例

在数概念教学时，结合生活实际选取素材让学生感受数的大小，以直观增强体验，初步形成对数的良好直觉是很有意义的。因此，也就有了上文中黄豆的出现。但类似这样非结构化的素材，要数出相应数量的实物十分耗费时间，那么如果将其用于"百以内数的认识"中是否适宜呢？为此，我进行了尝试，

---

①中华人民共和国教育部.义务教育数学课程标准(2022年版)[M].北京:北京师范大学出版社,2022.
②人民教育出版社,课程教材研究所,小学数学课程教材研究开发中心.义务教育教科书教师教学用书　数学　二年级　下册[M].北京:人民教育出版社,2016.

在课中感受100究竟有多大时设计了如下环节：

环节一：请学生猜想100颗黄豆放在杯子里会有多高。(出示杯子)让学生猜想并交流验证的办法。

环节二：先放20颗，请学生估计放100颗黄豆的高度，说明理由。

环节三：放50颗，请学生估计放100颗黄豆的高度，说明理由。

环节四：放100颗黄豆验证，对比猜想，回顾交流。

环节五：请学生猜想如果换成100颗大米，高度会有什么变化？如果是100颗花生呢？

从课堂教学的效果来看，学生从开始的估计猜想到逐步验证，到最终得出结果，对100颗黄豆实际量的感知从模糊到清晰，在这个过程中学生一直积极参与、乐此不疲。最后大米与花生的类比推理激活了学生的思维，进一步发展了学生的估计意识、数感与量感。可见，黄豆用在此处还是非常合适的，从素材准备的时间来看，数出100颗黄豆也并非难事，这也充分说明了用黄豆本身并没有错，只要用在合适的时机它就能发挥作用。对于类似100以内等较小数的认识，教师都可以通过小棒、黄豆等实物，帮助学生获得直观感受，体验实际量的大小；对于1000、10000或者更大的数，在感知具体量时教师可根据实际采用类比、数形结合等方式选取合适的材料进行教学。以"万以内数的认识"中的黄豆为例，可以出示100颗黄豆（装在杯子里），而后请学生估计10000颗究竟能分出这样的几份，猜想黄豆装进杯中的高度，最后用米尺验证得出结论，这样既不用像出示10000颗黄豆那么费时费力，同时又能促进学生积极运用类比推理的方法进行数学思考，何乐而不为呢？

综上所述，黄豆是否需要应因课而异。量"材"录用，精心设计，让每一份学习材料都充分发挥其应有的作用，需要我们继续研究与实践！

——部分内容原载于《中小学数学（小学版）》2021年第12期第50页至第52页《"黄豆"需要吗》（江萍）

结　语

　　数学学习材料是帮助学生理解数学问题，获得数学知识，提高数学能力的基本载体。实践证明：有效的学习材料能增强学生的探究兴趣，引发学生积极地进行数学思考，从而提升学生的思维能力。在教学中组织不同的学习材料或对相同材料进行不同组织，会使学生经历截然不同的学习过程。学习材料的选择和使用很大程度上影响着学生对数学学习的兴趣和对数学知识的理解程度。

　　在日常教学中，我们发现课堂上经典材料的简单重复、新奇材料的频频出现、不同材料的层层堆积现象屡见不鲜。在同一领域、同一类型的课上，相同的学习材料未经"精加工"就被重复使用，只会使学生的思考变少；同样，新奇材料在课堂中的频频出现会让学生的思考偏离学科本质；而不同材料的层层堆积只会给学生留下走马观花的印象，对材料本身的数学思考就变得非常浅显。

　　针对上述现象，我们对如何从材料的获取渠道、加工维度、呈现方式等层面入手构建起材料设计与学生思维发展的关系，从而让学习材料充分激活学生的思维进行了尝试。

一、多渠道获取材料

　　学习材料既可以从教材中来，也可以由教师自行设计，还可以通过捕捉课堂生成资源获取。多渠道获取材料是激活学生思维的保障（如图44所示）。

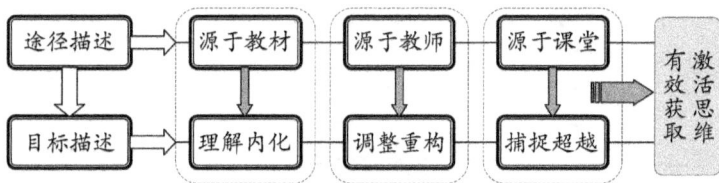

图 44

源于对教材的理解和内化。 对于数学教师而言，小学数学教材是最重要的数学课程资源，它是学生学习数学、教师教学的基本蓝本。教师首先应读懂教材：知道"教材编写了什么""教材为什么这样编写""教材这样编写对教学有什么样的启示"，从而明确要"教什么"。其次应读通教材：读12册小学数学教材并熟悉教材的编排体系及其设计思路，整体了解教学内容的相关顺序、相互关联以及在不同阶段的相关要求。最后应读透教材：深度研读，理清教材重点、难点，把握教学核心内容，理解教材内容背后所蕴含的数学思想。读懂、读通、读透教材之后，教师可以根据教学实际选取能激发学生积极思考的学习材料，让学生乐此不疲地投入学习中。

源于对文本的调整与重构。 当然，教师不仅要尊重教材，也要主动驾驭教材。教师可以根据题材内容的难易、数量的多少、呈现的顺序对其进行删减、补充、重构，从而盘活教学资源。如教师可以有意识地从生活中选取具体的问题让学生探究，建立生活与数学的联系，有效补充题材。教师也可以根据学习实际删减题材，删减与目标不紧密相联的、种类繁多的内容，让学生专注于有效学习材料的研究，然后遵循学生的认知规律，由易到难地呈现材料、重组题材，让学生在新旧知识的比较中找到异同，顺利实现知识的迁移。以"我的课堂教学故事之四"为例，在"位置与方向"一课的设计中，我有效地利用了教材中的主题图与例题，并通过加工，在原有基础上不断丰富、拓展教材资源，为达成教学目标、有效激活学生的思维奠定基础。又如在"我的课堂教学故事之三"中，教师基于学情与单元整体设计的视角，对教材内容既做了"加法"又做了"减法"：将教材中的例1、例2、例3、例4、例5这原本分成3个课时的内容有机整合，把认识角、指角、描角、做角、比角等内容放在单元第一课时加以实践，将例4画直角的内容调整到第二课时进行教学，充分尊重学生的现实起点，更好地体现知识的结构性。

源于对课堂生成资源的捕捉和超越。学生是学习的主体，因此学习材料的设计可以源于学生，就如"我的课堂教学故事之五"中所描述的课例一样，我通过前测访谈了解了学生在"100以内的加法和减法（一）"单元的易错点、易混点，以此获取学习材料，让查漏补缺落到实处。当然，学习材料还可以通过课堂生成资源获取。如在"我的课堂教学故事之三"中，学生认识锐角、直角、钝角的材料就是他们自己用两根吸管创造出来的。这些课堂生成的作品为引出锐角、钝角、直角以及学生感悟它们之间的大小关系，提供了非常典型的学习资源。同样地，之后的"角的大小与两边张开的大小有关"的结论也是教师通过在课堂上巧妙地捕捉学生的操作后让学生自然而然地感悟出的。由此可见，课堂教学中既可能有需要教师引导讨论的亮点资源，也可能有需要分析处理的错误资源，还可能存在需要智慧理答的分歧争论。

教师应善于捕捉亮点：亮点资源是指有利于达成教学目标的个性化回答，若教师引导得当，则数学课堂中一定会迸发出思维的火花。

教师也应善于捕捉错误：学生在学习过程中出现错误是不可避免的，错误也是课堂教学资源的一部分。教师要善于捕捉、展开错因分析及归因总结，加深学生对知识的理解。

教师还应善于捕捉争论：争论资源往往是学生在个体理解内化过程中产生的，与学生原有的认识经验存在冲突。教师有效捕捉并回应争论资源，智慧理答，不仅可以突破难点，还能培养学生大胆质疑的学习习惯，促进学生的成长。

二、多维度加工材料

多维度加工材料是指教师可以在材料的深度、宽度与长度上精心设计，以此激发学生积极地思考，从而成就具有思维活力的数学课堂（如图45所示）。"我的课堂教学故事之一""我的课堂教学故事之二"都分别结合课例就如何多维度加工材料做了具体的阐述。

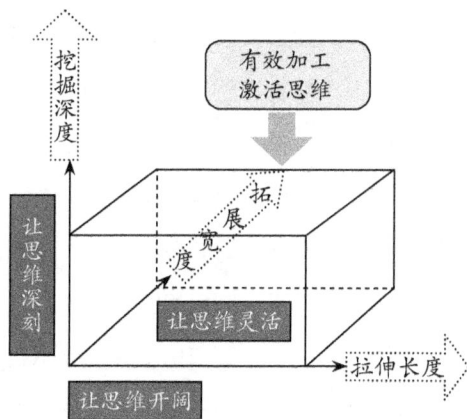

图 45

从深度上挖掘。教师在新课导入、新课展开、新课拓展等环节可以尝试一材多用，通过层层递进的方式挖掘材料的深度，激发学生的探究兴趣。课堂实践证明，围绕核心材料展开教学不仅能充分发挥材料的作用，同时能让学生不断深入思考。如在"我的课堂教学故事之二"中，我用一个计数器、5颗珠子这样一份小材料上完了"1000以内数的认识"一课，将读数、写数、数数、知道数的组成、会进行数的大小比较、认识计数单位"千"等目标都融入其中，通过一材多用让课堂浑然一体，引领学生深入思考问题，充分激活学生的思维，让学生体会数学课堂的乐趣。

从宽度上拓展。在教学中，我们也可以通过设计条件开放、问题开放、策略开放、综合开放的学习材料，拓展材料的宽度，让学生从不同角度、不同方向思考问题。实践证明，学生往往喜欢这样的学习材料，因为它提供了更大的思考空间，让大家可以各抒己见。如在"我的课堂教学故事之一"中的复习导入部分，我请学生介绍一个比100大一点的数，之后又提供了三张数字卡片0、1、4，请学生摆一个比100大的数，给学生提供了充分展示自己想法的机会，有效地拓宽了学生的思维空间。

从长度上拉伸。当然，材料的设计还可以通过历史视角追本溯源，即解决知识从哪里来的问题，以丰厚深邃的学习材料拓宽学生的知识面。我们通过现实视角横向联系，解决知识点怎么用的问题，增强学生解决实际问题的能力，也可以通过未来视角预测发展，解决知识点到哪里去的问题，从而有效拉伸材料长度，让学生的思维更具有发散性与创造性。以"我的课堂教学故事之一"为例，在学生感悟1000到底有多大时，我联系实际出示了小立方体、1000张纸等学习材料，既有效地培养了学生的数感、量感，又将数学与生活紧密联系在一起，让学生体会数学的价值。

三、多方式呈现材料

学习材料的呈现方式也是激活学生思维的重要元素，教师可以根据教学实际采取静态呈现、动态演示、实物操作等灵活多样的方式，提高学生对材料的研究兴趣。学习材料的呈现方式可以是一种方式，也可以是几种方式并行，其核心是"有效"（如图46所示）。

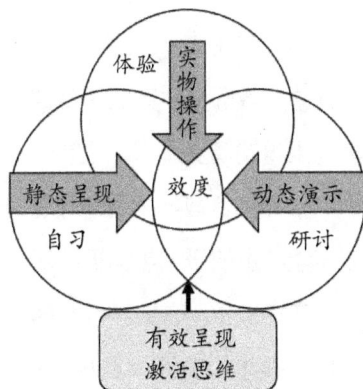

图46

静态呈现。例如数学史料、概念法则、人文趣事等材料较适合静态呈现，学生可以通过自习的方式对这类材料感悟理解。在呈现材料阶段，教师可以提出明确的自习要求；在研读材料阶段，教师巡回指导，发现问题及时引导；在交流材料阶段，教师创设机会尽可能多地让学生畅谈收获或质疑，从而丰富学生对材料的认识，提升自习效果。例如"我的课堂教学故事之六"中关于1平方厘米、1平方分米、1平方米等面积单位的知识，我就以自学材料的方式静态呈现，并设计了两组问题，即思考这些面积单位究竟有多大与选择合适的单位，让学生自学后回答。从课堂教学的效果来看，让学生经历了有关面积知识的操作活动之后再静下心来自学并完成检测题，其思考会变得更加积极，这也切实提升了学生的学习能力。可见，适时地让学习材料静态呈现，可以让课堂研究氛围"浓"起来、让学生思考"多"起来，学生能力也可进一步"强"起来。

动态演示。当学生对计算方法不理解、对基本原理不清楚、体验感悟不到位时，我们可以采用动态演示材料的方式为学生提供更为直观的学习资源，便于其理解和突破难点。通过让学生独立思考问题，提出自己的猜想，然后动态演示过程并进行推理验证、总结交流，对得出的结论进行讨论，对自己的猜想进行反思，帮助学生更好地理解数学知识，进一步培养学生的思维能力。例如"我的课堂教学故事之七"就以图形与几何领域的教学内容为例做了具体的阐述，在五年级"组合图形的面积"一课教学时，教师利用课件让草坪"动"起来，帮助学生进一步理解如何用平移法计算图形面积。在二年级"角的认识"一课中，教师适时穿插了微课，生动形象地展示了从锐角、直角、钝角、平角再到周角的演变过程，让学生深刻感受这几类角之间的大小变化关系。实践证明，教师结合教学内容与学生年龄特点，通过动态演示的方式呈现教学材料，能够让学生的研究热情更高涨、理解更到位、思考更深入。

实物操作。在数学概念建构、几何公式推导、实践应用创造时，教师还可以根据教学内容提供实物材料让学生体验过程，加深学生对知识的理解。当然，选择怎样的实物值得我们好好思考，就如"我的课堂教学故事之八"中所记录的那样，在"100以内数的认识"一课，教师提供黄豆、小棒等实物增强学生的直观体验，感受数的大小。而在"10000以内数的认识"一课中，教师利用1000张纸的实物进行演示，而后通过类比推理、想象，让学生感受10000张纸的实际厚度。同样地，在"我的课堂教学故事之二"中，针对学生的年龄特点与教学实际，我提供了实物材料——计数器，让学生自己动手拨一拨数，帮助学生正确地数数，理解数的意义，感悟计数单位间的相互关系，进一步增强了学生的学习兴趣。

如何通过有效设计，用材料激活学生的思维，值得我们深思与实践。

用"问题"激活思维

10000元钱与10000张纸一样厚吗?

——"万以内数的认识"课堂一问

▷ 走进课堂

在一次展示活动中,我执教了人教版数学二年级下册(2013年版)"万以内数的认识"一课。在让学生"感受10000究竟有多大"时,我选择了用纸作为学习材料,设计了以下估计10000张纸厚度的教学环节。

(1)先出示一张打印纸,再出示一包打印纸,让学生猜想一包里面有多少张。(500张)

(2)再加一包打印纸,请学生说出纸张数,并估计2包共1000张纸的厚度。(约10厘米)

(3)让学生猜想10000张纸有多厚以及多少包打印纸合起来等于10000张纸的厚度。(学生交流)

(4)总结出像这样的10000张纸叠起来大概有1米高,并用一把米尺作参照。

这样的教学既给学生留下了"10000张纸有多厚"的深刻印象,又在估计、验证的过程中培养了学生的数感。一般情况下,教学到这里就可以画上圆满的句号，但我没有"见好就收"，而是继续发问。

师：10000元钱叠起来会和10000张纸一样厚吗？

生1：一样。

生2：不一样，（10000元钱）会薄一点。因为打印纸有包装。

师：小朋友想看看（10000元钱）有多厚吗？

（师出示图片：面值为100元的一叠纸币，共10000元。）

生（感叹）：哎呀！10000元钱叠起来才1厘米左右。

师：同样是10000，为什么10000元钱只有这么一点厚度？

生：因为这里的每张纸币面值为100元，所以不需要10000张。

师：那几个100是10000呢？

生：100个100是10000。

（师随即捕捉信息，把"100个一百是一万"记录在黑板上。）

师：原来只需要100张100元就够了。那如果换成10元的，又需要多少张呢？叠起来会有多厚呢？

生：1000张，1000个10是10000。

（师出示10元钱叠起来的图片，把"1000个十是一万"记录在黑板上。）

师：有没有什么办法让10000元钱叠起来大概和10000张纸一样厚呢？

生：只要用1元的就可以了。

师：真的吗？你怎么知道？

生：10000元里面有10000个1元。

（师板书：10000个一是一万。）

生1：1元叠起来可能要比10000张纸叠起来薄几毫米，因为打印纸是有包装的。（师肯定）

生2：我反对，如果是1元的硬币，叠起来会比10000张纸要厚得多。

（学生热情高涨，讨论着"10000"，久久不肯停息……）

写在课后

在这节课中哪个问题充分激发了学生的研究热情呢？那就是"10000元钱叠起来会和10000张纸一样厚吗?"。试想如果只研究到10000张纸究竟有多厚而不再往下追问，也就不会有后续课堂上的热烈讨论，这样的课堂虽不会出错但也不会出彩。从10000张纸到10000元钱，学生掌握的不仅是"10000张纸有多厚"，还有"万与十、百、千"的关系。从面值为100元的纸币中，学生感悟的是"100个一百是一万"；从面值为10元的纸币中，学生感悟的是"1000个十是一万"；而从面值为1元的纸币中，学生感悟的是"10000个一是一万"。比起原来使用打印纸的教学效果，学生发现的要多得多，其得以发展的不仅仅是数感、量感，还有思辨性思维。课堂也因学生思维的激活而变得更加精彩！

——部分内容原载于《小学数学教师》2012年第1期第177页至178页《"10000元钱"与"10000张纸"一样厚吗?》（江萍）

小棒可以搭出圆吗?

——"平面图形的认识"课堂一问

▷ 课堂场景

某日上课,课程内容是人教版数学一年级下册(2013年版)第一单元的"认识图形(二)"。在认识基本的平面图形之后,我设计了请学生利用学具(小棒若干、点子图、长方体、立方体、圆柱、硬币模型等)自主创造平面图形的环节。学生完成之后,全班进行了交流展示。

师:你们用小棒搭出圆了吗?

生1:不行的!圆的边是弯的,小棒是直的,没法搭出圆。

生2:行的,我用5根小棒搭出了一个圆。(学生展示了一个五边形)

师:这个是圆吗?

全班:这不像圆。

师:你为什么认为这个是圆呢?你是怎么想的?

生1:如果再多添几根短的小棒,它就会像圆。

生2:如果用很多足够短的小棒来搭,它会越来越圆。

师:是啊!如果有足够多的足够短的小棒来搭,它的确会越来越圆。

教材链接

"认识图形（二）"是人教版数学一年级下册（2013年版）第一单元的教学内容。在本单元，学生开始正式学习平面图形。教材的内容包含三个方面：一是通过根据立体图形描画出平面图形并分类的活动，初步认识长方形、正方形、平行四边形、三角形和圆；二是通过用同样的平面图形进行拼组的活动，初步体会平面图形之间的关系；三是解决简单的实际问题。具体内容结构如图47所示。[①]

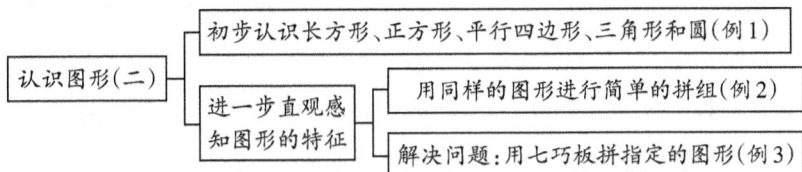

图 47

学生在一年级上册的学习中已经认识了立体图形且初步感知了它们的特征，并能加以辨别与区分。同时，在日常生活中，学生已经接触过长方形、正方形、三角形、圆等平面图形，这为本单元的学习奠定了基础。本课时教学内容是该单元的起始课，主要目标为以下三点：

（1）让学生直观认识长方形、正方形、平行四边形、三角形和圆等平面图形，能够辨认与区分。

（2）通过拼、摆、画、折等活动，让学生直观感受平面图形的特征。

（3）通过观察、操作活动，使学生初步感受图形之间的关系。初步培养学生的观察能力、动手操作能力与空间观念，让学生感受图形与日常生活的密

---

①人民教育出版社,课程教材研究所,小学数学课程教材研究开发中心.义务教育教科书教师教学用书 数学 一年级 下册[M].北京:人民教育出版社,2016.

切联系。

教学启示

这一幕场景发生在"认识平面图形"的课堂上，如果不是亲身经历，你可能无法想象这样的回答竟出自一年级小朋友的口中。根据教材分析与目标定位，我们发现在一年级教学中，只需让学生直观认识平面图形，通过拼、摆、画、折等操作活动让学生直观感受平面图形的特征即可。学生对于圆的认识也仅限于此。在小学阶段，正式学习"圆"是在人教版数学六年级上册（2013年版）第五单元中，但教材并未给出圆的定义，只是在画圆过程中让学生初步感受"圆是到定点的距离等于定长的所有点的集合"这一几何学定义。到了初中，浙江教育出版社《义务教育教科书　数学　九年级上册》第3章"圆的基本性质"中，教材结合画圆揭示：在同一平面内，线段OP绕它固定的一个端点O旋转一周，另一端点P所经过的封闭曲线叫做圆，定点O叫做圆心，线段OP（不论转到什么位置）叫做圆的半径。以点O为圆心的圆，记作"$\odot O$"，读作"圆O"（如图48所示）。[①]通过百度搜索可查到：圆的第一定义，在同一平面内到定点的距离等于定长的点的集合叫做圆；圆的第二定义，平面内一动点到两定点的距离之比（或距离的平方之比），等于一个不为1的常数，则此动点的轨迹是圆。

仔细分析课堂上学生的发言"如果用很多足够短的小棒来搭，它会越来越圆"，这与圆的定义中"点的集合"有相近之处。作为一年级的学生，他们能回答出如此高质量的答案确实令我们意外。试想如果在教学过程中，我们只问学生"对不对"，或许就错失了一次成就精彩课堂的机会。正是一个看似不经

①范良火.义务教育教科书　数学　九年级上册[M].杭州:浙江教育出版社,2014.

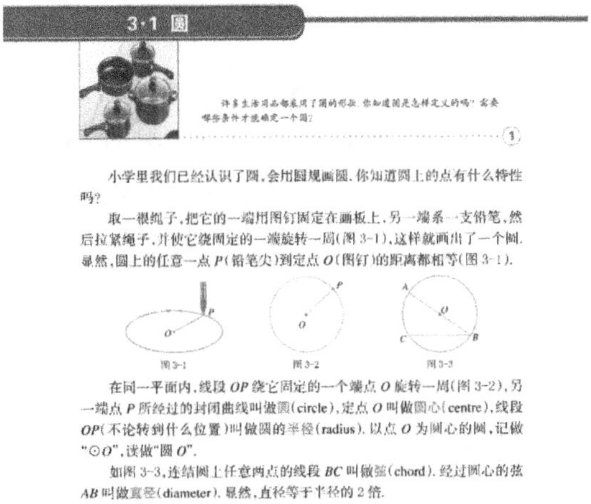

3·1 圆

许多生活用品都采用了圆的形状. 你知道圆是怎样定义的吗? 需要哪些条件才能确定一个圆?

1

小学里我们已经认识了圆，会用圆规画圆. 你知道圆上的点有什么特性吗?

取一根绳子，把它的一端用图钉固定在画板上，另一端系一支铅笔，然后拉紧绳子，并使它绕固定的一端旋转一周(图 3-1)，这样就画出了一个圆. 显然，圆上的任意一点 P(铅笔尖)到定点 O(图钉)的距离都相等(图 3-1).

在同一平面内，线段 OP 绕它固定的一个端点 O 旋转一周(图 3-2)，另一端点 P 所经过的封闭曲线叫做圆(circle)，定点 O 叫做圆心(centre)，线段 OP(不论转到什么位置)叫做圆的半径(radius). 以点 O 为圆心的圆，记做“$\odot O$”，读做“圆 O”.

如图 3-3，连结圆上任意两点的线段 BC 叫做弦(chord). 经过圆心的弦 AB 叫做直径(diameter). 显然，直径等于半径的 2 倍.

图 48

意的追问“你为什么认为这个是圆呢？你是怎么想的？”，给学生搭建了充分展示自己想法的平台，让学生能够出声思维，课堂也因学生独特的想法而焕发光彩。这也带给我们教师以启示。

教师善于“问”很重要。南京大学哲学系教授郑毓信在《数学教育哲学》一书中曾写道：究竟什么是数学教学研究的重点？是对于学生在数学学习过程中思维活动的深入了解和分析，还是教师的教学方法、包括教材的分析等？答案自然是前者。在对美国数学教育的现状和前景进行分析时，戴维斯教授提出了15个有待于进一步研究或解决的问题，其中第一个就是“深入了解学生真实的思维活动”。①由此可见，要想深入了解学生的思维活动，仅仅问“对不对”“是不是”是远远不够的，在教学中我们需要多问几个“为什么”“你是怎么想的”“这样做的理由是什么”，训练学生出声思维，在不断思辨的过程中，将学生思维引向深刻！

教师善于“听”很重要。在课堂教学中，教师提问之后要学会耐心倾听学

①郑毓信.数学教育哲学[M].成都：四川教育出版社，2001.

生的发言，深入了解学生的想法。以之前的课堂场景为例，五边形当然不是圆，这也是全班同学的共识，但学生为什么会说出"行的，我用5根小棒搭出了一个圆"的答案呢？学生的理由是什么？正因为教师在课堂上没有简单否定学生的回答，而是选择了请学生说一说道理、大家一起听一听的方式，我们才得以了解学生的真实想法，让学生精彩的回答在课堂上呈现。由此可见，在课堂上，教师善于倾听是一种智慧，是教师把学生放在课堂主体地位的体现。

教师善于"引"很重要。教师不仅要善于倾听，还要具备细致入微的观察力与敏锐的分辨力，及时捕捉教学过程中动态生成的资源，巧妙地加以引导。如在前述的课堂场景中，教师听完学生的发言后引导"是啊！如果有足够多的足够短的小棒来搭，它的确会越来越圆"，既回应了学生的发言，又渗透了今后要学习的数学知识，一举两得。由此可见，作为教学活动中的组织者、引导者与合作者，教师有智慧地问答、巧妙地引导能进一步激发学生的兴趣，激活学生的思维，让数学课堂学习更加有效。

"水本无华，相荡乃生涟漪；石孰有火？互击而闪灵光。"思维的激活、灵性的喷发源于对话的启迪、碰撞，只有有智慧地问答才有闪光点的生成。"小棒可以搭出圆吗？"这个看似简单的问题，却给我们带来新的思考与启示。只有教师善问、善听、善引，学生才会更善学，数学学习才能更生动地在课堂中发生。

还有吗?

——"周长的认识"课堂提问随想

📐 忆课堂

某日，我执教人教版数学三年级上册（2013年版）"周长的认识"一课，在学生初步建立周长概念之后，设计了请学生以小组为单位，研究测量图49中图形的周长并进行交流的环节。

小组研究材料

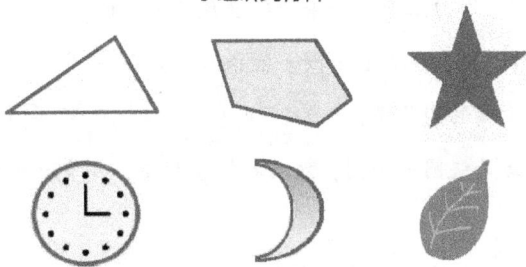

图49

◆课堂实录:

师:你们是怎样计算三角形的周长的?谁来介绍一下?

生:我们的方法是量出每条边的长度,然后相加起来。

师:(怎么计算)五边形的周长呢?

生:把每条边的长度量出来,然后再相加。

师:你们又是怎样计算五角星的周长的?

生1:量出10条边的长度,再相加。

师:还有吗?

生2:拿线围一圈,量出线的长度。

师:你们围过吗?有什么要提醒大家注意的?

生:我们组刚才围过了,围时要注意固定五角星每两条边的交接处,否则很难测量准确。

师:提醒得很好。其他组还有不同的办法吗?

生:量出一条边的长度,再乘10。

师:这几种方法,你们喜欢哪一种,为什么?

生1:第三种,因为量一次就够了,很方便。

生3:第三种,因为五角星每条边的长度是一样的。

生3:第三种,第二种方法中围一圈很麻烦。

师:该怎么量圆的周长呢?

生:拿一根绳子绕圆围一圈,然后把绳子拉直,用直尺量出的绳子长度就是圆的周长。

师:如果只有一把米尺,你还有办法吗?

生:还有一招,在圆上作一个记号,从这个记号开始(让圆)在直尺上滚一圈,(圆在)直尺上经过的长度就是这个圆的周长。

师:该怎么测量这个月牙形的周长呢?

生：用线围一圈，然后量出线的长度，就是它的周长。

师：还有其他办法吗？

生：可以让凸出的部分在直尺上滚一圈求出长度，再用线围一下凹进去的部分，量出线的长度，最后把两次量的结果加起来就可以了。

师：为什么不用"滚"的办法（测量）凹进去的地方呢？

生：因为里边"滚"不成。

师：你们觉得"滚"得成吗？

生："滚"不成。

师：那你试着告诉大家为什么"滚"不成。

（学生演示）

生：凹进去的地方是"滚"不成的，因此我们只能"滚"这个月牙形的外边。

师：看来，并不是所有的图形都可以用"滚"的方法来求出周长，像这样凹进去的图形就不行了。

师：那这片小树叶的周长，你们有办法测量吗？什么办法最好？

生：用线围一圈，量出线的长度。

·········

课堂上学生研究热情高涨，各种测量办法层出不穷。究竟是什么充分激活了学生的思维呢？

析教材

"周长的认识"是人教版数学三年级上册（2013年版）第七单元的教学内容。本单元内容是在学生直观认识了长方形、正方形、平行四边形、三角形和圆等平面图形的基础上教学的。这部分内容的学习，主要是让学生进一步认识四边形，尤其是长方形和正方形的特征，了解周长的含义，能测量简单图形的周长，探索并掌握长方形、正方形的周长计算方法，为进一步探索其他平面图形的特征奠定基础。单元内容的编排结构如图50所示。①

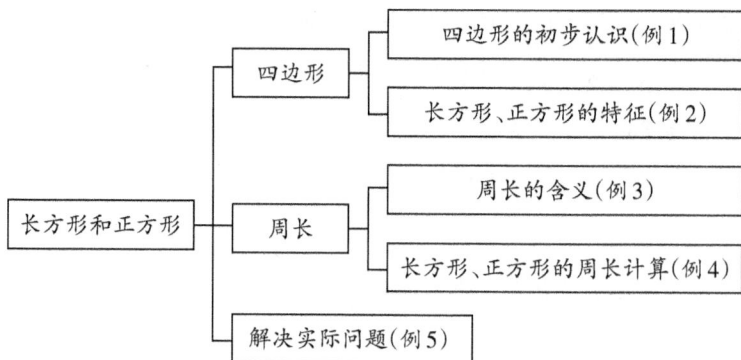

图50

"周长的认识"安排在四边形的初步认识及长方形、正方形的特征认识之后。教材呈现了一些规则和不规则的实物与图形，如树叶、国旗、数学课本、钟面和五角星、三角形、长方形、正方形等，目的是让学生直观理解周长的一般意义，即封闭图形一周的长度。前期调查结果显示，对于物体、图形的周长，学生在日常生活中已有一定的了解，为避免学生产生只有长方形、正方形、圆等规则图形才有周长的思维定式，在学习材料的选择上，我们以三角形、五边形、五角星、钟面、月牙形、树叶为研究对象，让学生经历自主探索一般图形周长的测量计算过程，感受"化曲为直"的数学思想方法，培养学生的空间观念。

---

①人民教育出版社,课程教材研究所,小学数学课程教材研究开发中心.义务教育教科书教师教学用书 数学 三年级 上册[M].北京:人民教育出版社,2016.

思过程

仔细分析教学过程，我发现课堂上教师几处提问"还有吗"，让课堂精彩不断。

（一）还有吗？——让方法更多样

以五角星的周长计算为例，在学生得出量五角星10条边的长度再相加这一方法后，教师通过追问"还有吗"，引出了第二种方法拿线围一圈，量出线的长度，教师继续追问"还有不同的办法吗"，学生给出了量五角星任意一条边的长度再乘10的新方法。圆的周长计算也是如此，因为教师的一个"还有吗"，在课堂上我们既听到了用线围一圈的一般方法，也看到学生想到让其在米尺上滚一圈的巧办法，将"化曲为直"的数学思想蕴含其中。由此可见，教师看似不经意地追问"还有吗"，能让学生学会从多个角度寻求解决问题的策略，这不仅丰富了周长测量的方法，也进一步加深了学生对周长概念的理解。

（二）还有吗？——让氛围更浓厚

课堂教学过程是师生交往互动的过程，实践证明：教师作为课堂教学的组织者，如果能给予学生充分表达思路、想法的机会，就能进一步激发学生的学习热情，让学生的思维更加活跃，让课堂充满浓厚的研讨氛围。本课教学中学生多样的测量方法、高涨的研究热情、有质量的回答就充分印证了这一点。例如在探究月牙形周长的环节中，除了常规的用绳子围再用尺量的方法外，学生想到了将月牙形"凸出的部分在直尺上滚一圈求出长度，再用线围一下凹进去的部分，量出线的长度，最后把两次量的结果加起来"求出周长的方法。我们不禁为学生多样的思路、细致全面的思考喝彩。也正是因为教师在课堂上充分给予学生交流表达的空间，才能激活学生的思维，成就课堂精彩。

（三）还有吗？——让思考更深入

本节课探究图形周长的环节，目的就是通过学生自主选择测量工具与方法进行测量，并交流讨论的过程，鼓励学生多角度寻求解决问题的策略，探索一般图形周长的求法。课堂上，教师追问"还有吗"，引领学生不断思考：除了这种方法以外还有没有其他方法？当多种方法呈现时，教师适时的引领又让学生的思考更加深入。如在测量五角星周长的三种方法呈现后，教师追问：这三种方法中你们喜欢哪一种，为什么？让学生在不断思辨中完善对各种方法的认识，感悟方法多样化与优化的必要性。到了求树叶周长的环节，学生已经学会自觉优化方法，熟练运用化曲为直的数学思想方法解决问题。

瑞典著名教育家马登的"现象图式学"（Phenomenography）指出，学习的本质就是鉴别，而鉴别则主要依赖于比较。①适当的比较被看成是优化的直接基础，而后者是数学思维的重要特点。由于各种方法往往都有其一定的优越性和局限性，因此关键就在于如何能够依据不同的情景与需要灵活地应用各种不同的方法。教师的提问"怎么办？""还有吗？"给方法优化提供了必要的基础，让学生的思维更深刻。

由此可见，课堂教学中一个小小的问题——"还有吗"，可以让学生的思维得以充分激活，让数学课堂充满无限可能，让数学学习更加真实生动、充满魅力！

①郑毓信.数学教育：从理论到实践[M].上海：上海教育出版社，2001.

"几个几"的争论风波为何而来？

——记"乘法的初步认识"课堂一问

▷ 回放——意外的争论

　　某日，执教人教版数学二年级上册（2013年版）"乘法的初步认识"一课，在顺利地完成新课之后，我出示了一道练习题（图意为：游乐园里有5架小飞机，每架飞机上坐了3个小朋友），请学生思考从题图中看到了几个几。没想到就是这样一个问题却意外引发了一次课堂争论。

　　师：从这幅图中你看到了几个几？

　　全班：应该是5个3。

　　生1：应该是3个5。

　　师：到底是5个3还是3个5呢？谁来说说理由？

　　生2：我认为是5个3，因为图上一共有5架飞机，每架飞机里坐了3个人，所以是5个3。

　　生2的发言清晰到位，我在心里暗自为他叫好。于是，我反问生1——你有什么想说的？

　　生1：我还是认为是3个5。

师：为什么？

生1：每架飞机里都坐了3个人，所以是3个5。

生1的坚持让我吃惊，同样地，他的"推理"也让我无从下手。究竟是什么让他的想法如此坚定呢？在短暂地思考了几秒之后，我决定把这个问题抛向全班。

师：我们来听听大家的意见，同意3个5的举手（只有生1一位），同意5个3的举手（除了生1，剩下的同学都举手了）。

师（对着生1）：全班只有你一个人是这么想的，现在你认为自己的答案一定对吗？

生1（语气很坚定）：对。

师：那好，谁愿意与他（生1）辩论一下，看看谁能说服谁。

很多双小手高高举起，我邀请了生2作为"5个3"答案的代表人物与生1进行辩论，我则退到一边开始"观战"。

生2（理直气壮）：我先问你（生1），你这个5表示什么意思？

生1：这个5表示5架飞机。

生2：那每架飞机里坐了几个人？

生1：3个人。

生2：那你数一数，一共有几个3？

生1：有5个。

生2：那不就是5个3吗？

生1：好吧！5个3是对的，但3个5也是对的。

生1终于承认"5个3"是对的，这让一旁"观战"的我长吁一口气。但他的后半句"3个5也是对的"又让我纳闷不已。

生2：你不讲道理啊，你自己好好看一下图（显然，生2也觉得生1很难"对付"）。

生1（振振有词）：这幅图是表示5个3，但5个3和3个5的答案都是15，我以前就知道一个乘法算式可以表示两种意思，所以5个3、3个5应该都对。

生2（据理力争）：没有图，一个乘法算式是表示两种意义，但现在这道题有图，需要看吗？

生1：……看图的话应该是5个3。

持续了5分钟的争论终于在生1说出"5个3"后画上了句号。我暗自庆幸问了"到底是几个几"让生1的想法浮出水面，同时也感谢生1，他的坚持己见让这场意外的争论异常激烈，更是让我的思考渐渐走向深入。

🔍 聚焦——问题出在哪

图意这么清晰的一道题，竟然会引发学生有关"几个几"的争论，这让我始料不及。那么学生为什么会有"因为答案一样，所以表示的意思也一样"的错误理解呢？问题究竟出在哪儿？

问题一：抽象概括"几个几"有难度

课前我曾在班内做过一次前测（如图51所示），请学生填一填"几个几"并用算式来表示。从学生答题的情况看，全班42人中全对的有22人，答题正确率约为52.4%。算式的错误不多，近三分之二的学生都能用加法算式正确表示，约三分之一的学生会用乘法算式3×4或4×3来表示。学生的主要错误是填写"（ ）个（ ）"时出错。约19.1%的学生填了"（12）个（熊猫）"，约16.7%的学生填了"（12）个（4）"，约11.9%的学生填了"（6）个（6）"。这说明在没有教师指导的前提下，请学生用"几个几"表示同数连加的情境还是有一定难度的。学生因为无从下手，所以才会出现"（12）个（熊猫）"这样的词语填空，因为概念模糊，才会出现"（12）个（4）"

105

"（6）个（6）"这样的答案。概括"几个几"并不像我们想象的那样简单。

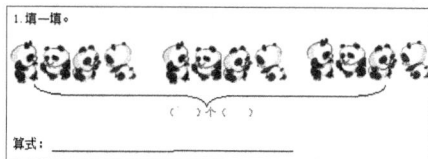

错误答案:(12)个(熊猫),错误率约19.1%

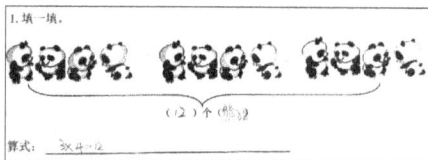

错误答案:(12)个(4),错误率约16.7%

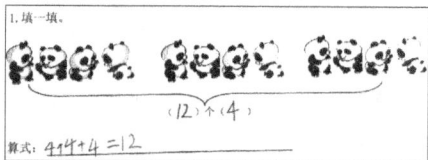

错误答案:(6)个(6),错误率约11.9%

图51

问题二：理解乘法意义"生搬硬套"

课后，我与生1进行了深入的交流。他告诉我，在新课学习之前他就已经认识了乘法，知道一个乘法算式表示两种意义，会熟练地背诵乘法口诀。所以当课堂上练习题一出现，凭借自己"先学先知"的优势，他便想当然地认为3个5、5个3都对，根本没有仔细读图。可见，对乘法意义的一知半解让生1在解决问题时"生搬硬套"。在教学实践中，我们也发现学生有出现像生1这样的情况，也有认为"脱离了情境的乘法算式就只表示一种意义"的情况。在前测中我们曾设计过这样一道题（如图52所示），调查情况显示：看到算式3×5，大部分学生将其理解为3个5相加，约80.9%的学生只选了一个答案，只有约19.1%的学生做对了此题。无论是生1还是前测中的现象，都在提醒我们让学生真正理解乘法意义，形成对乘法现实模型的认识是非常重要的。

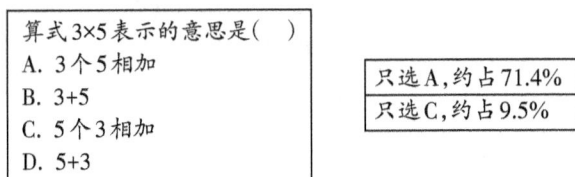

算式3×5表示的意思是（ ）
A. 3个5相加
B. 3+5
C. 5个3相加
D. 5+3

只选A，约占71.4%
只选C，约占9.5%

图52

问题三：多样化表征难以灵活转化

我们都知道让学生通过说一说（几个几）、写一写（加法算式与乘法算式）、画一画等活动，实现语言表征、符号表征、图形表征之间的相互转化，能帮助学生进一步理解乘法的意义。而多样化表征之间的灵活转化是学生学习的难点之一。课堂教学中生1的问题就出在"从图到式、从式到图"的转化，如果他能清晰地知道"从图到式"并不简单地等同于"从式到图"，可能就不会有课堂上的坚持。这也让我想起了前测中的一道题：画图表示算式3×4的含义。调查结果显示（如图53所示），能用图表示出算式意义的学生约占35.7%，而这些学生所画的图大部分表示的是3个4，没有一人能完整地表示出乘法算式表示的两种含义。在做错题的学生中，部分学生只会用3×4的结果表示算式的含义，还有约11.9%的学生完全不会做这一题。通过此题的检测，可以看出课前学生对乘法意义的理解是不到位的，同时也可以看出教学多种形式表征，特别是图形表征乘法意义的迫切性与必要性。

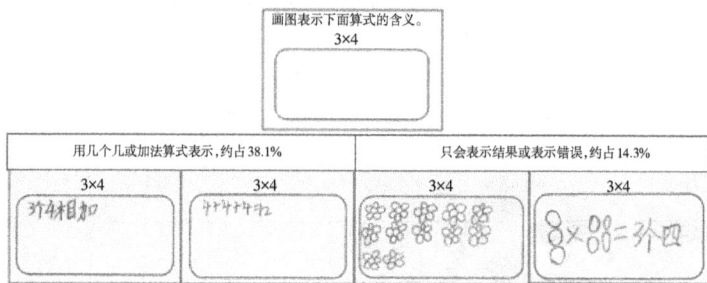

图 53

以上三个问题的存在也让课堂上的那场"争论风波"的出现成为情理之中的事。

💡 实践——课堂是关键

面对争论，我们究竟应该怎么办？在教学中我们是否可以做这样的尝试？

新课展开：围绕"几个几"

材料呈现	环节设计
1. 出示算式：4×5。 2. 出示小正方形图： ☐☐☐☐☐ 3. 分别出示4个小正方形、3个小正方形、2个小正方形以及20个小正方形的直观图。 板书梳理： 5个4 4+4+4+4+4=20 4×5=20 5×4=20 4个4 4+4+4+4=16 4×4=16 3个4 4+4+4=12 4×3=12 3×4=12 2个4 4+4=8 4×2=8 2×4=8 20个4 4+4+…+4=80 4×20=80 20×4=80 　　　　　　20个 4. 出示100个小正方形图	1. 请学生说一说算式表示的意义。 2. 请学生结合图，说一说4×5表示的意义，并用加法算式4+4+4+4+4=20表示。 3. 请学生说一说看到了几个4，并用算式分别表示搭4个、3个、2个、20个小正方形一共用了几根小棒。认识乘号，并将一个加法算式改写为两个乘法算式。观察加法算式与乘法算式的特点，理解乘法算式的意义，得出"加数相同的加法，还可以用乘法表示"。 4. 请学生用算式表示搭100个小正方形一共用了几根小棒，体验乘法算式表示的便捷性

新课以算式4×5导入，一方面可以找到学生真实的学习起点，了解学生课前对乘法意义的理解程度，另一方面这种由式到图的过程可以引导学生学会从图式对应的角度理解"几个几"。新课展开以"小棒搭成的正方形"作为研究素材，从5个4到4个4、3个4、2个4、20个4、100个4的不断变化，让学生清晰地理解图与式之间的关系。通过板书进一步梳理，将几个几、加法算式、乘法算式联系在一起，突出了乘法意义的本质，让学生体会乘法算式表示的便捷性。

练习巩固：明晰"几个几"

材料呈现	环节设计
1. 以下哪些算式可以直接改写成乘法算式？ 17+17+17+17 6+6+6+6+6+6 3+3+3+3+3 5+5+5 1+2+5+9 2. 看图写出加法算式与乘法算式。 （图见教材第47页例1） 3. 画图表示算式5×2的含义	1. 请学生口答，说一说17×4的4是怎么来的，3×5、5×3表示什么意思。重点讨论1+2+5+9为什么不能直接改写成乘法算式。 2. 请学生先圈一圈再填一填。重点讨论小飞机图"（ ）个（ ）"该怎么填，并用图示说明。学生完成作业后进行集体反馈交流。讨论：过山车图到底是几个2？（图见教材第47页例1） 3. 学生尝试，集体反馈交流：5个2、2个5以及矩形图

练习巩固的第一道题的核心"式与式的转化"，练习中既有像6×6这样加数与个数相同的习题，又有像同一乘法算式3×5或5×3这样的表示两种不同含义的题目，让学生对算式中的"几个几"的认识更加清晰。练习巩固的第二道题由图到式，呈现了教材第47页游乐园的主题图，让学生结合现实情境自己抽象概括几个几并列出加法、乘法算式，沟通图与式的关系。第三道题则举一反三，从式到图，鼓励学生自主地运用多种方式表征算式，从一种意义的图形表征到两种意义的矩形模型表征，不断拓宽学生的思路，深化学生对乘法意

义的理解。

拓展提升：深化"几个几"

材料呈现	环节设计
1. 出示5×2的矩形图及变化图。 2. 列举生活中的乘法 	1. 先请学生说一说在矩形图中看到了几个几，是怎么看出来的，再请学生观察变化后的矩形图，然后说一说多了几个几、现在是几个几，并口答算式：6×2，7×2，5×3，5×4。 2. 请学生列举生活中的乘法算式，出示图例结合实际说一说表示几个几，理解算式的实际意义

　　拓展提升的第一题在学生自主表征算式意义的基础上通过一列一列、一行一行变化矩形模型，引领学生不断思考增加了几个几、现在是几个几，在思辨中丰富对乘法模型的认识。拓展提升的第二题则通过让学生列举生活中的乘法，感受乘法在实际生活中的作用。在这一环节中教师没有浮于"找乘法算式"表面，而是引领学生理清"几个几"，深入思考每个乘法算式表示的实际含义，提升了学生的抽象思维水平，在"生动"与"深刻"中做出有益的尝试。

　　因为一个"几个几"问题引发这场课堂争论风波，让我们对学生的了解又更进了一步，对乘法的教学思考也更加深入。实践也再次证明：问题基于学生，教学才能真正精彩！

"反比例"是不是"烦比例"?

——由"用反比例解决问题"引发的思考

▷ 缘起——"烦比例"引发话题

某日听课，一位年轻教师执教"用反比例解决问题"，到了课堂练习环节，教师出示了一道练习题，坐在我旁边的小男孩迅速列出了算式。

练习题：王叔叔开车从甲地到乙地一共用了3小时，每小时行50km，返回时每小时行60km，返回时用了多长时间？（用比例解）

解：设返回时用了 x 小时

$3 : x = 50 : 60$

$\quad x = 3 \times 60 \div 50$

$\quad x = 3.6$

发现孩子的解法不对，我提示他："想一想，这个答案有可能是正确的吗？"男孩琢磨了半天，列出了 $3 : x = 60 : 50$。

"能和我说说这个比例表示什么意思吗？"我顺势提问。

"我是根据 $3 \times 50 \div 60$ 的算术方法倒推出这个比例的，"孩子诚实地说出了自己的想法，并嘟哝了一句，"反比例真烦，还不如用以前的方法呢。"

听到了孩子真实的想法，我心里咯噔了一下。为了帮助孩子理解，我随即引导："如果列$60x＝3×50$的算式，你就能看懂了吧！"

"这个不是用比例来解的！"孩子的回答斩钉截铁，不容我有半点置疑，这让我陷入了深深的思考之中……

🔍 思考——从三个角度追本溯源

角度一：链接教材

教师在课堂上出示的这道练习题是在教人教版数学六年级下册（2013年版）第四单元"用比例解决问题"中的例5、例6（如图54所示）之后设计的巩固练习。

5　我们家上个月用了8t水，水费是28元。　张大妈　李奶奶　我们家用了10t水。

李奶奶家上个月的水费是多少钱？

6　一个办公楼原来平均每天照明用电100千瓦时。改用节能灯以后，平均每天只用电25千瓦时。原来5天的用电量现在可以用多少天？

图54

例题教学的目标主要是让学生进一步熟练地判断成正、反比例的量，加深对正、反比例概念的理解，学习用比例知识解决问题，为中学数学、物理、化学学科应用比例知识解决一些问题做好准备。同时，由于解答时是根据正、反比例的意义来列等式的，因此也可以巩固和加深学生对所学简易方程的认识。

角度二：洞悉学生

学生觉得"$60x＝3×50$"不是用比例的解法，我认为原因很可能是比例的概念太根深蒂固。教材中是这样给比例下定义的：表示两个比相等的式子叫做比例（如图55所示）。因此，学生理所当然地认为用"比例"解，则等号左右两边都应用"比"，而$60x$与$3×50$都不是"比"，因此这样的式子不是比例式。这也是这个学生在琢磨了半天之后，列出$3:x=60:50$的原因。尽管学生一时说不清这个算式表示的意义，但可以肯定的是，这种方法一定是用比例解，因为在这个算式中他清晰地看到了两个"比"。课后，我与孩子进行了交流，证实了我的猜测正是孩子的想法。

操场上的国旗：$2.4:1.6=\dfrac{3}{2}$

教室里的国旗：$60:40=\dfrac{3}{2}$

所以，$2.4:1.6=60:40$ 也可以写成 $\dfrac{2.4}{1.6}=\dfrac{60}{40}$

像这样表示两个比相等的式子叫做比例。

图55

角度三：反思课堂

回顾"用比例解决问题"的教学过程，我发现学生在解答例5、例6时，习惯用以前学过的归一、归总方法，认为用比例知识解题既需要先判断两种量成哪种比例（因而比较容易出错），又需要写比较麻烦的"解设"。可见，用比例解决问题的方法并没有深入人心。在学生没有完全接受这个方法的情况下教学，效果可想而知。此外，从课堂作业完成的情况看，用正比例知识解题的错误明显少于用反比例知识解题的错误。比如如下的一道回家作业题（如图56所示），班级中有近10%的学生做错。

练习题：
工程队修一条水渠，若每天工作6小时，则12天可以完成。如果工作效率不变，每天工作8小时，多少天可以完成任务？

学生解法：
解：设x天可以完成任务
$6:8=12:x$
$x=12×8÷6$
$x=16$

图56

由此可见，课堂作业中的错误与回家作业中的错误是同一类型的，并非偶然出现的个案。这又不得不让我们重新审视"比例"单元的教学，寻找解决问题的有效方法。

💡 行动——从三个层面加以改进

于是，我从明晰三个概念入手，通过三种方法的呈现、三个问题的讨论在自己的课堂中进行了尝试。

✏️ 明晰三个概念

在教学中，教师首先需让学生明晰三个概念。

第一个概念是比例的意义，即比例是表示两个比相等的式子。比例的基本性质为两个外项的积等于两个内项的积。两个比是否成比例，我们既可以根据比例的意义，也可以根据比例的基本性质判断。明晰比例的相关概念及判断方法，学生便能为后续学习反比例打下基础。

第二个概念是反比例关系。两种相关联的量，一种量变化，另一种量也随之变化，如果这两种量中相对应的两个数的积一定，这两种量就叫做成反比例的量，它们的关系叫做反比例关系。换言之，如果两种量中相对应的两个数的积一定，比例式就一定可以成立。如例2所示（如图57所示），水的体积一定，所以水的高度随着底面积的变化而变化。我们可以列出 $30 \times 10 = 20 \times 15 = 15 \times 20 = 10 \times 30 = 5 \times 60$ 这样的等式，也就可以列出类似 $30:20 = 15:10$ 的比例式，即底面积增加，高度反而降低，底面积减少，高度反而升高，底面积的比等于高度的反比。只有理解了反比例关系，用反比例解决问题才能水到渠成。

反比例

2

把相同体积的水倒入底面积不同的杯子，杯子的底面积与水的高度的变化情况如下表。

杯子的底面积 /cm²	10	15	20	30	60	…
水的高度 /cm	30	20	15	10	5	…

观察上表，回答下面的问题。

（1）表中有哪两种量？
（2）水的高度是怎样随着杯子底面积的大小变化而变化的？
（3）相对应的杯子的底面积与水的高度的乘积分别是多少？

图 57

第三个概念是用反比例解决问题。教师应让学生明晰，用比例解决问题并非一定要列比例式。根据反比例的意义：两种相关联的量，如果对应两个数的积一定，反比例关系成立。如此类推，列成积一定的等式，也是运用反比例方法解题的一种表现方式。

呈现三种方法

以例 6 为例（如图 54 所示）。

方法一：归总法

$100 \times 5 \div 25$

方法二：比例的方法

解：设原来 5 天的用电量现在可以用 x 天。 $100 : 25 = x : 5$

方法三：比例的方法

解：设原来 5 天的用电量现在可以用 x 天。 $25x = 100 \times 5$

在例 6 的教学过程中，教师应呈现学生的多种解题方法，让学生出声地思维。

以上三种方法，是学生在解决本题过程中的常用方法，教师应顺着学生的思路加以呈现并引导学生观察方法间的联系，通过"呈现—讨论"的方式，适时进行归纳总结，让学生体会到解题方法的多样性与数学知识间的联系性，在拓宽学生思路的同时，激发学生对数学的兴趣，不让方法成为学生的负担。

✎ 思辨三个问题

在课堂教学中，教师应组织学生对以下三个问题进行讨论：

问题一：$100:25=5:x$ 对不对？

【设计缘由】这是学生解答本题时常见的错误，即采用了正比例的解题思路。通过对这道题的讨论辨析，可让学生明晰找准常量（不变量）的重要性。

问题二：$25x=100 \times 5$ 是不是用比例的方法？

【设计缘由】这正是文章中提及的困扰学生的主要问题。通过辨析，可让学生明确：用比例的方法并非一定要将式子列成比例式，我们可以根据反比例的意义，列出像 $25x=100 \times 5$ 这样的等式；反之，根据比例的基本性质，这样的等式也一定能组成比例式。

问题三：$100:25=x:5$ 对吗？

【设计缘由】如果学生能根据反比例的意义把这个算式解释清楚，那么我们相信学生对于反比例的理解是深刻的，学生已掌握灵活使用的方法。

课堂实践证明：只有围绕学生所思所想的问题展开讨论，学生的思维才能被真正激活，学习的难点才会被真正突破。通过这样的教学，学生能够更加深入地理解用反比例解决问题的方法，才能让"反比例"不成为"烦比例"！

——部分内容原载于《中小学数学（小学版）》2012年第12期第14页《不让"反比例"成为"烦比例"》（江萍）

你还想知道什么?

——记"人民币的秘密"一课

▷ 缘 起

　　某日上课的内容是人教版数学一年级下册(2013年版)第五单元"认识人民币",在课尾总结时,我提问:"这节课我们认识了人民币,你学会了什么?"学生纷纷举手说自己的收获。我又问:"你还想知道关于人民币的哪些知识?"一个个有意思的问题随即出现。学生想了解的关于人民币的知识很多,于是,我决定课后做一次调查(如图58所示),全面了解学生的想法。

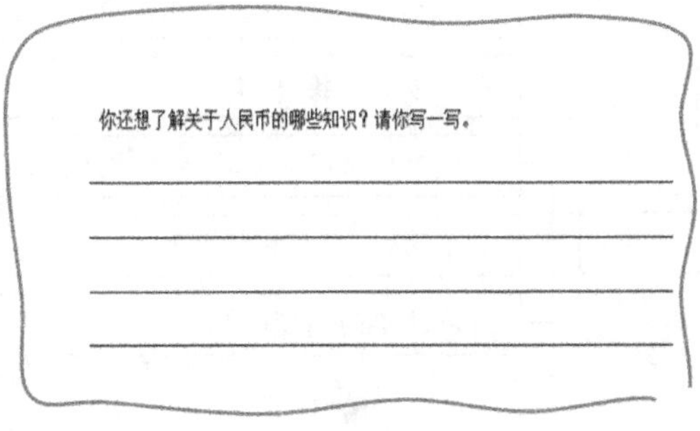

你还想了解关于人民币的哪些知识?请你写一写。

图 58

　　经过调查与梳理,我将学生关注的问题分为三类:第一类是常见人民币的图案特点，全班有近2/3的学生提到；第二类是人民币的来历；第三类是人民币的使用与发展。既然学生对人民币有着浓厚的研究兴趣，那么是否可以围绕这些问题组织学生展开研究，进一步丰富学生对人民币的认识，帮助学生积累活动经验，提升学习能力呢？思考之后，我展开了进一步的尝试与探索。

探　索

"认识人民币"这一单元内容包括认识人民币与简单的计算，单元目标是：认识人民币的单位，知道1元＝10角，1角＝10分；认识各种常用面值的人民币，了解各面值人民币之间的关系，并进行简单的计算；初步体会人民币的作用，了解简单的货币文化，知道爱护人民币。

从教材具体知识结构（如图59所示）[①]来看，在认识常用面值的人民币内容之后，学生开始学习人民币的兑换。如果要安排人民币知识的拓展课程，显然将其放在认识人民币之后、学习人民币的兑换之前比较合适，利于知识的衔接。基于此，我设计了一堂关于人民币知识的拓展课。

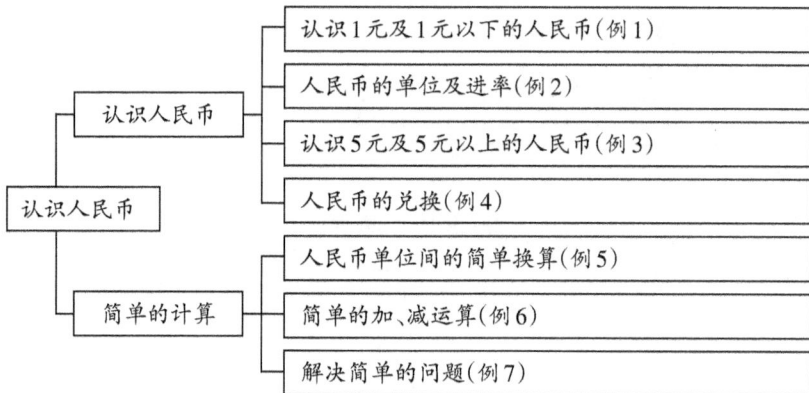

		认识1元及1元以下的人民币(例1)
	认识人民币	人民币的单位及进率(例2)
		认识5元及5元以上的人民币(例3)
认识人民币		人民币的兑换(例4)
		人民币单位间的简单换算(例5)
	简单的计算	简单的加、减运算(例6)
		解决简单的问题(例7)

图59

---

①人民教育出版社,课程教材研究所,小学数学课程教材研究开发中心.义务教育教科书教师教学用书　数学　一年级　下册[M].北京:人民教育出版社,2016.

根据教学内容及一年级学生的年龄特点，确定本课以"人民币的秘密"为主题，教学目标如下：

（1）通过找一找、说一说、比一比等活动，进一步发现、掌握常用人民币的面值、图案、色彩等特点，丰富学生对人民币的认识。

（2）在观察、比较、分析人民币特点的过程中，进一步培养学生的观察能力、表达能力、合作交往能力。

（3）初步感受人民币在生活中的广泛作用，增强学生的应用意识，培养学生爱护人民币。

[环节一] 课前活动诊断

1. 揭示课题：人民币的秘密。

2. 让学生说一说自己已经知道了关于人民币的哪些知识，还想了解人民币的哪些知识，教师出示课前调查收集到的信息（如图60所示）。

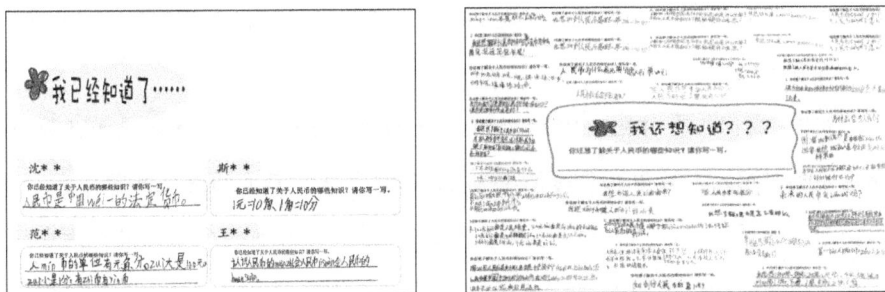

图 60

师生整理问题并分类。

[环节二] 围绕核心问题展开课内探究

将学生提的问题分成三类，根据提问人数的多少将问题排序并讨论。

第一类：人民币的图案特点。

整理呈现多数学生提及的关于人民币图案特点的问题（如图61所示）。

图61

引导学生观察并思考以上问题的共同点，揭示它们都与人民币的图案有关。

分组梳理、交流人民币上的图案与文字信息。

组1：100元人民币正面有毛主席头像，中间有100元的汉字与数字，上面有"中国人民银行"六个字。人民币的左上角印有国徽，左下方有一串数字，右下方有盲文。

组2：我们组有补充，100元人民币正面的花是梅花，50元人民币正面的花是菊花，20元人民币正面的花是荷花，10元人民币正面的花是月季花。

师：观察得真仔细，那么5元、1元的纸币上的花又是什么花呢？请在随后播放的微课中寻找答案。

组3：100元人民币上还有水印。

组4：我们观察了人民币的背面，100元人民币背面有人民大会堂，1元纸币的背面有三潭印月。

师：50元、20元、10元、5元纸币的背面也有风景，大家知道分别是哪里的风景吗？我们一起来欣赏微课。

教师播放微课，梳理纸币的正反面信息，回应学生的问题。

第二类：人民币的来历。

呈现课前学生提及的第二类问题：人民币的来历（如图62所示）。

组织学生展开讨论，教师播放微课"人民币的来历"，介绍人民币的发展历史（从古代的物物交换到1948年12月1日第一套人民币发行，再到第二套、第三套，直到第五套人民币的发行历程），拓宽学生的历史文化视野，不断丰富学生对人民币的认识。

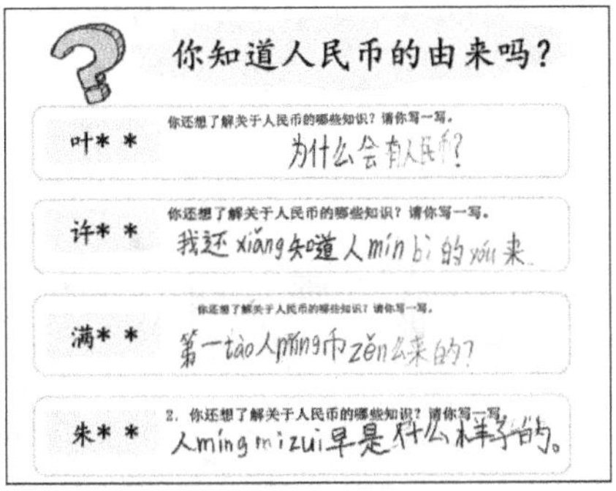

图62

第三类：人民币的使用与发展。

围绕学生课前所提及的关于人民币使用与发展的问题展开讨论，加深学生对人民币的了解。

生1：人民币在国外怎么使用？

生2：为什么只有1元、5元、10元、20元、50元、100元的纸币，为什么没有3元、4元、6元、7元、8元、9元的纸币呢？以后会不会有1000元的纸币？

生3：现在都是用手机支付宝支付了，那人民币会不会消失呢？

学生踊跃举手参与讨论，教师适时点拨，课堂研讨氛围浓厚。

[环节三] 拓展任务设计与布置

设计游园活动的奖励币，小组讨论明确设计要素：币值、图案等（如图63所示），课后请学生以小组为单位完成设计并展示。

121

图63

感 悟

围绕"你还想知道什么"这个问题，我设计了这堂数学拓展课，并进行了交流展示。从现场教学情况来看，课堂上学生学得投入积极，听课老师也纷纷在互动交流平台留言表示肯定。经历整节课的设计、实践过程，我也收获很多。

感悟一：问题源于学生，学习更真实

"学起于思，思起于疑。"要让数学学习在课堂上真正发生，让学生通过一节课的学习有所知、有所悟、有所得，教师就必须充分了解学生，知道学生的兴趣点、困惑点。本课围绕学生提出的问题展开教学，通过整理归类三个核心问题，并有重点地展开讨论，增强了教学的针对性，赋予学生真实的学习体验，实现了课前预设的教学目标，让学习真实发生。

感悟二：问题源于学生，课堂更生动

顺着学生提出的问题展开教学，无疑会大大激发学生的学习兴趣。当学生

122

看到自己或同伴的问题在课堂上展示，自然会觉得亲切，探究的欲望就会被激发，数学课堂也因学生主动地投入、积极地思考而迸发出思维的火花，变得生动而有深度。

感悟三：问题源于学生，素养更全面

学生带着问题走进课堂，又带着新问题离开课堂。教师将学生真正置于课堂的中央，培养了学生自主学习的能力，以及发现问题、提出问题、分析问题、解决问题的能力。学生走出教室后，学习持续发生，在完成充满延展性、挑战性的任务中提升了学习力。由此可见，引导学生敢问、会问、善问，有问的自觉、问的能力和自主解决问题的本领，能进一步砥砺学生的学习智慧，培养学生质疑问难、勇于探索的品质，发展学生的数学素养。

课堂中一个小问题"你还想知道什么"，既让学生知道了想知道的知识，也让我们进一步了解学生，为教学设计推开了另一扇"窗"。基于学生，以问导学、以问激趣、以问促思，让数学学习真正发生在课堂，我们研究的脚步将继续向前迈进。

结　语

　　"问题是数学的灵魂，是数学的心脏"，数学的发展始于数学问题的提出。在小学数学课堂教学中，教师应精心设计问题，用问题激活学生的思维，促进学生对知识的深度理解以及思维品质的提升。约翰·霍特在《孩子是如何学习的》一书中指出："我们需要做的——唯一需要做的——就是尽我们所能地把这个世界带到学校和教室，给孩子们需要的及他们要求的帮助和指导，然后就走开。"教师的提问就是给学生提供帮助和指导的重要手段。[1]那么，教师应怎样设计问题？问题可以源于何处？提问时要关注哪些内容？带着这些思考，我对小学数学课堂问题设计进行了探索与实践。

一、"问"从何来？

　　数学课堂教学中的问题既可以源于课前设计，也可以源于课堂生成，既可以从学生中收集，也可以由教师设计。尽管问题来源渠道多元，但都应基于学生立场，最后指向让学生在问题解决过程中体验学习的乐趣，培养学生发现问题、提出问题以及解决问题的能力。

---

[1]袁敬丰.善问,促学生善学[J].教育研究与评论(小学教育教学),2019,12:54.

"问"源于课前设计。首先，学生是学习的主体。在教学设计时，我们需要充分了解学生的基础，清楚学生的困惑，关注学生主动提出问题的意识，将学生的问题巧妙转化为课堂教学的课题，从而让教学更加真实有效。就如爱因斯坦所言：提出一个问题往往比解决一个问题更重要，因为解决一个问题也许仅是一个数学或实验上的技能而已，而提出新的问题、新的可能性，从新的角度去看旧的问题，却需要有创造性的想象力，并标志着科学的真正进步。[①]以"我的课堂教学故事之十四"为例，面对教师"你还想知道什么？"的提问，学生给出了很多有意思、有价值的数学新问题。这为教师深入了解学生的起点、有效进行教学设计提供了非常好的素材。问题源于学生，课堂学习才更有意义。同时，将这些问题作为学习材料展开讨论研究，也能进一步激发学生主动探究知识的意识，提升课堂实效。

其次，教师作为学生学习活动的组织者，应在深入解读、分析教材，充分了解学生现实起点的基础上，精心设计教学问题。如在"我的课堂教学故事之九"中，教师的一个课堂提问"10000元钱叠起来会和10000张纸一样厚吗？"充分激活了学生的思维，既让学生对10000的实际大小有更深刻的印象，培养了其数感、量感，同时也让学生在教师的提问中不断思辨。教师通过"同样是10000，为什么10000元钱只有这么一点厚度？""几个100是10000呢？""有没有什么办法让10000元钱叠起来大概和10000张纸一样厚呢？"等问题引导学生不断思考，厘清万与十、百、千的关系，建立有关10000实际大小的概念。课堂实践证明，教师精心设计课堂提问对达成教学目标、激活学生的思维都能起到积极的推动作用。

"问"源于课堂生成。课堂教学活动是师生交往互动的过程。在互动过程中，学生会适时提出教师预设之外的、有价值的新问题，这需要教师根据课堂

①陈婷,李兰,蔡金法.中国小学数学"问题提出"教学的研究与实践[J].小学数学教与学,2021,7:13.

教学情况合理把握、灵活驾驭。以"我的课堂教学故事之十"为例，教师在提出"你们用小棒搭出圆了吗？"这个问题后，其实并没有想到学生会说"行"，更没有想到学生会说用5根小棒就能搭出一个圆。但教师没有简单否定学生，而是继续追问"你为什么认为这个是圆呢？你是怎么想的？"。就是这样一个课堂生成的提问，引出了学生的精彩发言，让我们看到了答案背后学生独特的想法，让数学课堂彰显思维的活力。由此可见，教师在教学过程中根据课堂生成资源进行提问，并巧妙地将生成资源融入自己的教学中，能引发学生深入地思考与交流，实现课堂生成问题对加深知识理解的推动作用。

二、"问"什么？

教学实践证明，课堂提问的内容直接影响学生参与学习的热情与效度。因此，教师应关注提问内容的目的性、启发性、趣味性，让问题真正起到调控课堂教学，提高学生课堂参与度，助推学生理解知识，提升思维能力的作用。

目的明确。教师提问需指向明确，紧扣教学重难点。教师在课堂上随意发问、"满堂问"或进行指向不明的提问都会直接影响教学实效，大大降低学生参与的热情。因此，教师在设计问题时不仅需要思考提什么样的问题，还要思考为什么提这样的问题、目的是什么，使每个问题都能成为达成教学目标、促进学生积极思考的有效载体。例如在"我的课堂教学故事之十一"中，学生测量完图形的周长，教师首先提问的是"你们是怎样计算三角形的周长的？谁来介绍一下？"。当学生交流完三角形周长的测量计算方法之后，教师随即再问："怎么计算五边形的周长呢？"教师先问三角形、五边形的原因在于，相对于其他图形而言，这两个图形的边都是直的，周长测量方法比较简单且基本类似，学生往往会采用先用直尺量出边长再相加的方法计算出周长。教师的这一提问可以让学习交流按由易到难的顺序逐步推进，让环节设计更合理。

启发性强。教师要善于设计有启发性的问题，引导学生积极思考、探寻知识的本质、提升思维能力。在课堂教学中，教师应减少"是不是""对不对"等简单判断型提问或记忆型提问，这些缺乏思维含量的问题往往会让学生的思维能力处于低水平，不能有力地推动学生进行广泛的思考。以五角星的周长计算为例，在学生通过小组合作得出三种测量方法，即先量出10条边的长度再相加，或拿线围五角形边长一圈量出线的长度，以及先量出一条边的长度再乘10后，教师随即提问"这几种方法，你们喜欢哪一种，为什么?"，这就有效地启发学生仔细分析三种测量方法，并在对比思考后得出答案。通过对这个问题的解答，学生能进一步理解周长的含义，同时也能感悟到方法优化的重要性。"不愤不启，不悱不发"，可见，在课堂教学中让提问具有启发性，能充分激活学生的思维，促进学生对数学内容的深入理解。

趣味盎然。《义务教育数学课程标准（2022年版）》指出：教学活动应注重启发式，激发学生学习兴趣，引发学生积极思考，鼓励学生质疑问难。[1]课堂实践证明：设计符合学生认知特点、有趣、有意思的数学问题，能进一步激发学生的参与热情。以"我的课堂教学故事之十一"为例，在课堂上，教师选取了三角形、五边形、五角星、圆形钟面、月牙形、树叶为学习材料，请学生先找一找周长在哪里，再想办法测量、计算出周长。结合生活中常见的图形材料，教师的问题显然能激发学生学习的积极性。在课后访谈中，学生曾说："今天老师问我们一片树叶有没有周长，找一找周长在哪里。这个问题挺有趣的，没想到树叶也有周长!"由此可见，结合教学内容设计符合学生认知特点、贴近生活、富有探索性、生动有趣的数学问题能让学生更积极主动地投入课堂学习中，让数学学习真正变得生动活泼。

富有挑战。维果茨基的"最近发展区理论"告诉我们：教学应着眼于学生的最近发展区，为学生提供带有难度的内容，调动学生的积极性，发挥其潜

---

①中华人民共和国教育部.义务教育数学课程标准(2022年版)[M].北京:北京师范大学出版社,2022.

能，超越其最近发展区而达到下一发展阶段的水平，然后在此基础上进行下一个发展区的发展。这一理论对于课堂提问也有重要的指导意义。让学生不费吹灰之力就可以得到答案的提问是毫无意义的，既不能提升学生的思维能力，还会导致学生养成浅尝辄止的习惯。而提问太难，让学生找不到线索或百思不解、无力解决也不是我们所提倡的，这会使学生失去信心，进而影响学生学习思考的积极性。例如在"我的课堂教学故事之十一"中，当学生回答圆形钟面的周长可以用绳子绕圆围一圈，再用直尺量出绳子长度的方法计算后，教师随即追问"如果只有一把米尺，你还有办法吗?"，这个富有挑战性的问题让学生进一步打开思路，换个角度思考问题，从而得出让圆在米尺上滚一圈得出周长的新方法。可见，教师应"问"在学生的"最近发展区"，设计比学生现有发展水平略高一些的问题，让学生始终抱有探究热情，能够"跳一跳摘到桃子"，把"最近发展区"转化为"现实发展区"，促进学生学习能力的提升。

三、何时"问"?

教师在课堂教学中应找准提问时机，"问"在知识联结处，"问"在关键要点处，"问"在困惑疑点处，"问"在思维发散处，才能更充分地发挥问题的作用。

"问"在知识联结处。奥苏伯尔的认知结构迁移理论告诉我们，任何有意义的学习都是在原有知识基础上进行的。这就需要教师准确把握知识的生长点，在知识联结处提出问题，帮助学生建立结构化的认知和思维，系统掌握知识。在"我的课堂教学故事之十四"中，教师总结部分的提问"你学会了什么?""你还想知道关于人民币的哪些知识?"就起到了承上启下的作用。其一方面将本节课的知识进行了归纳小结，另一方面通过让学生提出新的研究问题，为后续进一步学习打下基础。从课堂实践的情况看，学生就这个问题提出了许多想法。"问"在知识联结处，真正联结了知识，激活了学生的思维。

"问"在关键要点处。 为有效达成教学目标，教师应深入钻研教材，围绕知识的本质在核心要点处设计问题，引领学生聚焦课堂重点，理解数学知识。以"我的课堂教学故事之十二"为例，"几个几"的争论风波就是源于教师的课堂提问"从这幅图中你看到了几个几？"。当学生说出"5个3"与"3个5"的答案后，教师通过追问"到底是5个3还是3个5呢？谁来说说理由"引领学生聚焦"几个几"这一核心问题展开交流。听到生1坚持自己"3个5"的观点时，教师随即引导"那谁愿意与他（生1）辩论一下，看看谁能说服谁？"。于是，这场争论风波应运而生。理解乘法的意义是本节课的重点，教师在核心要点处的提问有效引领学生聚焦课堂本质问题，让学生在辩论中积极地进行数学思考。经历课堂中这场"几个几"的争论风波，学生明白了如何准确读图、正确理解乘法算式表示的意义，教师也深入了解了学生的基础与想法，对乘法教学有了进一步的认识与思考，再现了课堂提问"问"在关键要点处的意义与价值。

"问"在困惑疑点处。 基于教学内容与目标，在教学难点、学生思维的障碍点与疑惑点处设计问题，能帮助学生进一步理解知识。以"我的课堂教学故事之十三"为例，针对学生出现的问题，教师组织全体学生围绕"$100:25=5:x$对不对？""$25x=100×5$是不是比例式的方法？""$100:25=x:5$对吗？"等三个问题展开讨论，通过辨析让学生明确用比例的方法并非一定要将式子列成比例式，引领学生在不断思辨的过程中清楚并理解反比例的意义，有效突破了教学难点，让"反比例"不再成为"烦比例"。

"问"在思维发散处。 在教学过程中，教师多设计一些开放式的问题，可以帮助学生多角度、多层次地去观察思考，开拓思路。在"我的课堂教学故事之十一"中，在教师"还有吗？"这一问题的引领下，学生的周长测量方法层出不穷，有用尺量、用线围、在米尺上滚动物体求出周长，等等。在课堂上，不同发展水平的学生都有机会分享并交流自己的方法，相互启发，体验成功。

由此可见，开放性提问因结论不确定或条件不完备、解题策略不唯一，为学生进行广泛的观察、猜想、推理和形成自己的见解提供了更大的思考空间，对学生更具有探究性与挑战性，易于激发学生的学习兴趣和创造性思维。[①]因此，"问"在思维发散处既能活跃课堂，又能促进学生的发展与进步。

精心设计课堂提问，"问"出学生智慧，"问"出课堂精彩，我们的研究还将继续……

[①]邝孔秀,刘芳,劳金晶.小学数学教师课堂提问的现状与改进策略[J].课程·教材·教法，2020,10:77-81.

用"方式"激活思维

怎么上"吨的认识"一课?

——由"吨的认识"一课引发的深度思考

▷ 缘 起

　　某日，接到浙江省教研室布置的拍摄一节录像课的任务，课程内容是人教版数学三年级上册（2005 年版）"吨的认识"。一听说是这个内容，我在心里嘀咕了一下，吨是一个比较大的质量单位，我们只有在测量比较重的物体时才用吨作单位，它不像 1 克、1 千克那样，容易在日常生活中找到一些经常能看得见、摸得着的物品让学生感受、体验，因此我感觉这堂课其实挺难上的，所以，如何设计课堂教学活动帮助学生感知并有效建立 1 吨的质量观念成为我需要去解决的问题。带着思考，我进行了试教，却不曾想到学生在课堂上的发言给了我新的启示。

　　在课堂导入部分，我首先向学生提问："根据你的经验，你认为哪些物体大约重 1 吨?"

　　学生的回答让我啼笑皆非。第一个发言的杰站起来边笑边说："我想我们班最胖的同学'××'大概有 1 吨重吧!"

　　全班哄堂大笑。

我请第二位同学——数学课代表文站起来回答，他说："我估计一台电视机大约重1吨吧！"

"哇！——"全班哗然。

我不露声色，请第三位同学丽回答，她说："你们说的都不对！我知道在测量比较重的物体时才用吨作单位。"

丽对上面两位同学的回答进行了评价和补充，我暗自庆幸终于有一位同学可以答到点子上了，心中不禁有一丝窃喜。哪料到丽的后半句话却让我瞠目结舌："我估计像×山这样的一座高山大约重1吨吧！"

"哇——"

"不可能吧！那最胖的同学与一座高山一样重？"

此时，全班像是被炸开的锅，议论声此起彼伏。

我也忍不住笑出声来，想想学生真是可爱至极！同样是估计1吨，竟然出现这样截然不同的结果——一个同学的体重和一座高山的质量，这两者有天壤之别，但竟被同时估为1吨。

······

这一次试教让我明白：学生对于1吨的认知几乎是一张白纸。如果在课堂上没有真切的体验，学生恐怕掌握的也仅仅是"1吨＝1000千克"这样的进率罢了。如果没有大量感性材料的积累，没有参照物作对比，难保学生不会在上过课以后，仍举出"我们班最胖的同学重1吨""一座高山重1吨"的例子来。于是，我在课堂教学中设计了三次体验活动，加深学生对吨的认识。

实　践

（一）课堂导入

1. 复习已学的质量单位——千克和克。

师：关于千克与克你已经知道了什么？

（板书：1千克＝1000克）

2. 引出新的质量单位——吨。

师：除了千克与克这两个单位外，你还知道更大的质量单位吗？大家听说过"吨"吗？关于"吨"，你都知道些什么呀？

预设1：1吨＝1000千克。

预设2：吨在国际上的单位符号是字母t。

揭示课题：吨的认识（板书）

（二）新课展开

1. 建立1吨的概念。

（1）估计生活中什么东西大约重1吨。（生猜测，师板书）

（2）初次体验：估大米的质量。

教师为每个四人小组准备了一袋米，请学生估计一下一袋米大概有多重。

师：这袋大米重10千克。像这样的大米你最多能拿起几袋呢？

实验：全班推选出一位力气最大的同学来试试，看他最多能拿几袋。

师小结：这位"大力士"最多能拿起2袋米，也就是20千克。1吨大米应该有这样的几袋？你是怎么想的？（课件演示：100袋大米合起来大约重1000千克，正好是1吨）

（板书：1吨＝1000千克）

（3）二次体验：估纯净水的质量。

思考：生活中有哪些物品约重1吨？教室里的一桶纯净水大概有多重？

验证：一桶水大约重20千克。

师：像这样的几桶水合起来大约重1吨呢？你是怎么想的？（组织讨论，课件演示：5桶水大约重100千克，50桶水大约重1000千克，也就是1吨）

（4）再次体验：估体重。

交流：请学生说说自己现在对1吨的感受，再请学生介绍自己的体重。（学生互相抱一抱感受一下）

思考：以体重25千克的学生为例，几个这样的同学合起来大约重1吨？

揭示：40个这样的同学合起来大约重1吨。

（5）反思：想一想刚才举的例子中哪些一定不是重1吨。

（6）欣赏：生活中还有哪些物体的质量大约是1吨？（课件演示并填好单位）

2. 吨和千克之间的换算。

（1）7吨＝（　　　）千克　　　　交流：你是怎么想的？

（2）5000千克＝（　　　）吨　　　交流：你是怎么想的？

（3）口答：6吨＝（　　　）千克　　　8000千克＝（　　　）吨

1吨－800千克＝（　　　）千克　　　2吨＞（　　　）千克

（4）完成书本练习（反馈）

3. 体会吨在实际生活中的运用。

（1）课件出示情景图：

一辆大卡车限载2吨，水果店有以下水果要运：橘子600千克，苹果8筐，每筐重100千克，香蕉700千克，把这些水果都装上车车超载了吗？

（2）学生思考并交流怎么运。

（3）小结。

（三）课堂练习

启　示

顺利地完成录像课的拍摄任务后，我得到了关于大计量单位教学的几点启示。

启示一：实物体验需要数学抽象

在教学中，我们通过设计丰富的活动把抽象的数学概念变成学生看得见、摸得着的"数学事实"，这不仅可以激发学生学习数学的兴趣，还能化难为易、深入浅出地进行教学，有效促进目标的达成。但并不是所有的知识都需要通过体验获得，在加深学生感性认识的同时，我们需要关注由形象到抽象的过渡，从而提升学生的思维能力。

[初步印象] 学习大计量单位需要形象感知

在计量单位的教学中，我们经常可以看到教师设计这样的教学过程：体验1分、1秒，找一找1分米、1毫米、1千克、1克等，让学生对这些计量单位所对应的具体量有所体验。然而，对于一个比较大的质量单位——吨，教师无法在课堂上真实地再现这个单位所对应的量，那么学生是否还需要进行体验呢？实践证明，如果单纯地说理论，学生只能掌握"1吨＝1000千克"，对于1吨所对应的质量的感受仅限于纸上谈兵，甚至还有学生在上完课后说："我可以举起1吨的大米！"由此可见，对于大计量单位的教学，必要的直观感知不可缺少！因此，我设计了请每个学生抱一抱10千克大米并感受其有多重的环节，增强学生的直观感受。

[现场扫描]

我们尝试借助数学思考，让学生从积累的直观感受中猜想1吨的质量，从形象逐步走向抽象。

在分小组感受1袋大米的实际质量后，教师请学生大胆猜想1吨里面有几个10千克，而后用课件一一进行展示（如图64所示）。

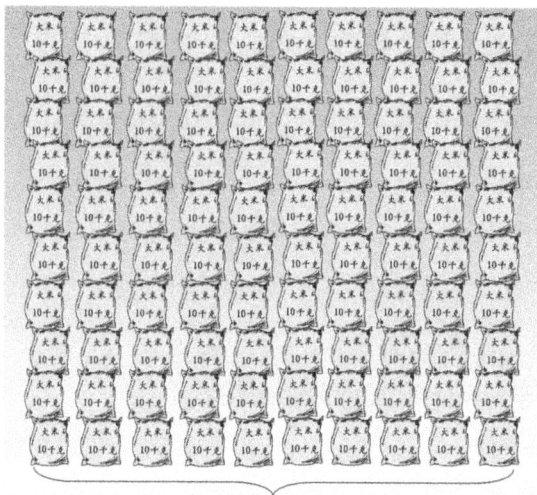

100袋大米约重1000千克

图64

得出1吨＝1000千克，再请小朋友思考：像刚才的"大力士"那样，每人抱两袋米，需要几个"大力士"（才能抱起1吨米）啊？

揭示：大约需要我们一个班的人（50个人）。

师：那一个人抱得动（1吨米）吗？

生：抱不动，太重了！

[深度思考] 形象感知需要思维提升

从上述教学片段中我发现，当在课堂上无法让学生感受实际质量时，可以通过视觉冲击、推理想象让学生掌握知识。形象是手段，抽象是目的。在形象与抽象之间，建立起必然联系的就是数学思维。

体验是学生主体在教学活动中个性化的感受，这种感受的最初形态是凌乱的、感性的，其要成为学生个体的知识还需要有一个内化的过程。将所体验到的各方面信息汇总之后，学生的体会仍然是不深刻的，还需要进行自我建构，自主地对感性状态的体验进行归纳、整合，获取表象性体验的深度认识。因此，在实物体验后适时地进行数学抽象，有助于学生梳理直观感受，发展思维能力。

启示二：多种体验需要建立联系

为了让学生多角度、多感观地获得体验，在计量教学中，教师往往会设计多个活动，让学生感受对应量的大小。但在多种体验活动后，教师还需要及时建立联系，从而提升教学实效。

[初步印象] 学习大计量单位需要多种体验

大计量单位的教学如果只有大米的活动体验，则学生获得的感受是单一的，同时也是片面的。这就需要教师在教学中尽可能地丰富学习材料、创设多样的学习活动，让学生对"1吨"有充分的感性认识。因此，本节课的体验素材除了大米外，还有纯净水、学生体重、教师体重等，让学生在一次又一次的感官与实践的刺激中获得实实在在的体验和感受，加深对吨的认识。

[现场扫描]

师：通常，我们教室里的一桶纯净水大概有多重呢？

生1：大约重15千克。

生2：大约重20千克。

师：一桶水的质量大约是20千克，那么像这样的几桶纯净水合起来大约重1吨呢？你是怎么想的？

生：50桶，1000里面有50个20。

师课件演示（5桶水重100千克，那再加5桶呢？……）（如图65所示）。

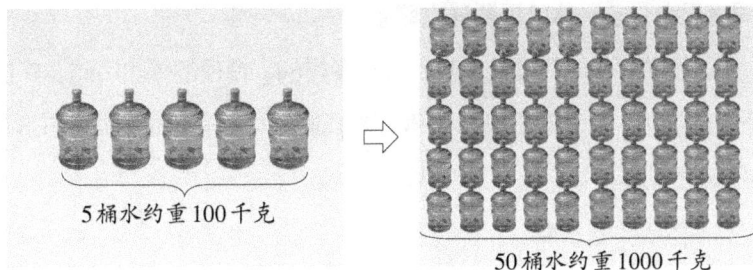

图65

师：现在你们感觉1吨重吗？那你们有多重啊？

生：30千克或28千克或25千克或26千克？

师：以重25千克的同学为例，请估计一下几个这样的同学合起来大约重1吨呢？

生：40个。

师：猜猜看老师有多重？（揭示：50千克）像老师这样的质量，大约几个老师合起来重1吨呢？

生1：2个。

学生轻笑。

师：2个对吗？为什么？

生：2个老师合起来才100千克，1吨是1000千克。

生2：20个。

师：对吗？（齐答：对）你是怎么想的？

生2：1000÷50＝20（个）。

师：你连两位数除法都会算了，真了不起！

生3：我不是这样算的，因为25千克重的小朋友需要40个，2个小朋友加起来是一个老师的质量，那么40里面有20个2，所以20个老师的质量合起来大约是1吨。

......

[深度思考] 多种体验需要建立联系

从上述教学片段中我发现，教师设计多样的、合理的体验活动，并按一定的顺序进行排列，引领学生积极思考、寻找联系，能有效地激活学生的思维、加深学生的活动体验。

1. 找寻体验"联系点"。

多种体验需要建立联系，关键是怎样梳理相互间的关系。教师将各个独立的素材整合为一体时，需要寻找一条主线。在上述课堂教学中，我紧紧围绕"1吨"建立4个材料间的相互关系，按照直观体验（大米）—表象积累（纯净水）—间接体验（学生、教师的体重），让独立的体验活动联结成为一个序列，进一步深化学生对吨的认识。

2. 构建思维"生长点"。

多种体验需要建立联系，同时还必须找到思维的"生长点"。初看，课堂中的4个材料除了和"1吨"有关外，似乎就没有什么关联了，但是当我们按照这样的顺序设计板书（如图66所示）并加以呈现时，思维的"生长点"便一目了然，难怪学生会根据同学体重，推测出"几个老师合起来重1吨"的答案。

1吨		
大米	10千克	100袋
纯净水	20千克	50桶
同学体重	25千克	40个
老师体重	50千克	20个

图66

当多种体验适时建立联系，当"独立"的素材被整合时，学生思维的深度就自然而然地显现出来了。在经历比较、分析之后，学生的思考变得有序，推断也变得合情合理。这也正是我们教学时希望达到的境界：让直观的体验唤醒学生深入的思考，让具体的感知提升为抽象的认识，让零散的思维聚焦为有序的推理。

启示三：数学猜想需要反思验证

数学教学离不开数学猜想，猜想让我们的教学充满生机。那么在大计量单位的教学中，我们是否还需要猜想？除了猜想之外，我们还需要什么？

[初步印象] 学习大计量单位需要数学猜想

著名科学家牛顿有句名言："没有大胆的猜想，就做不出伟大的发现。"猜想是一种难度较大、跳跃式的创造性思维。数学猜想实际上是一种数学想象，是人的思维在已有事实和经验的基础上，运用非逻辑手段而得到的一种假设，是一种合情推理。我们认为，数学教学应该是组织学生主动参与猜想和验证的数学探究活动，使学生在获得数学事实的同时，增长数学活动经验。在大计量单位的教学中，在体验活动之前，运用"猜一猜"环节让学生先猜测，再通过体验或教师揭示答案来得到正确数据，是非常有效的。这样的教学设计可以让学生在猜测数与真实数据的强烈反差中感受到震撼，这样的心理活动往往会给学生留下深刻的印象，从而促进大计量单位观念的建立。

[现场扫描]

◆课的导入部分（略，具体见"缘起"部分）

······

学生经历4组材料的实践体验及数学思考。

◆课堂小结部分：

师：现在，你能感知1吨大约有多重了吗？想一想，你刚才举的例子中哪些质量一定不是1吨。

生：一座高山质量肯定超过1吨，因为50桶纯净水大概就重1吨，那一座高山肯定不止这么点重。

生：我们班最胖的同学体重到不了1吨。像×××这样25千克重的40个同学合起来大约重1吨，所以我们班最胖的同学一定没这么重。

师：请"胖同学"告诉大家你到底有多重？

"胖同学"：我的体重离1吨还远着呢，我才55千克！

师：同学们，要几个像他这样的人合起来大约重1吨呢？

全班哗然：20个吧！

生：现在我知道我们的电视机重量也绝对达不到1吨。

[深度思考]"数学猜想"需要反思验证

1. 猜想需要实践检验。

猜想如果脱离了实践的检验就会变得毫无意义。在本节课的设计中,教师请学生先大胆猜测"哪些物体大约重1吨",一方面了解学生的学习起点,另一方面激发学生积极进行数学思考,让后续的体验操作活动成为必要。如果只猜不做,学生往往印象不深;如果只做不猜,学生则没有积极调动思维,操作也就没有价值。我们可以设想,在上述教学过程中,如果教师在学生猜想之后直接告诉他们哪些物体重约1吨,虽然学生也能获得知识,但这种方式的体验与思考的深度是无法和本课的设计效果相提并论的。因此,数学猜想需要实践检验。

2. 猜想需要反思修正。

经过实践检验之后的猜想或对或错,对于错误的猜想,我们需要设计环节引领学生反思修正,帮助学生养成良好的思考习惯,提升课堂实效。在上述教学片段中,教师通过提问"想一想刚才举的例子中哪些一定不是重1吨",让学生结合体验活动反思猜想,得出高山的质量、同学的体重、电视机的质量都不会是1吨的结论,既检验了体验的效度,又让学生的数学思考走向深入。

从表面上看,体验似乎是在瞬间完成的,实际上,人的体验过程蕴含着多次思维的冲突、修正和重建。只有经过努力的思索和反复的琢磨,学生才能获得真切的感受。因此,学生的体验学习一定与数学思维紧密相连。

让学生经历知识产生的过程,体验学习知识的必要性,经历数学思想方法的概括过程,体验数学思想方法的重要性,经历整理知识的过程,体验知识间的联系和区别,经历知识应用的收集过程,体验知识应用的广泛性与生活的联系。只有这样的学习,才能更好地调动学生的学习主动性,让学生的体验不流于形式而变得积极有效。

——部分内容原载于《小学数学教育》2009年第10期第28页至30页《有效体验 激活思维》(江萍)

课堂怎样"剪"出精彩?

某次参加展示活动,内容是人教版小学数学二年级上册(2013年版)"角的初步认识"一课。对于该课,我先后进行了三次执教,发现同样是"剪一剪"环节,"剪"在不同处则"剪"出了不同的课堂!

▷ "剪"错位——"剪"在×××年11月13日

在这天的试教中,我设计了请学生创造角的环节。经过全班讨论,搭一搭、画一画、折一折、剪一剪等方法层出不穷。看到学生想出这么多创造角的方法,高兴之余我立刻宣布创造活动开始。可谁料到大部分学生拿着剪刀,有的剪三角形,有的剪花,大家几乎把所有的兴趣都放在了剪刀上,丝毫没有要去用小棒摆一摆或是用尺画一画的念头,以至于教师说"停"时,学生还乐此不疲……

课后我仔细思考,由于"剪一剪"是学生非常喜爱的操作活动,将其放在创造角的环节,并提示可以用一张纸随意剪出几个角时,学生是无心用其他方法来创造角的。首先,根据二年级学生的年龄特点,如果可以在数学课堂上用剪刀进行操作活动,他们一定会对此爱不释手并大显身手。其次,这样的任务本身缺乏挑战性，剪一个或是几个角对学生来说易如反掌，所以学生就认为多多益善，于是便出现了上文中的课堂场景。可见将这样的环节放在此处，虽然从表面上看课堂是热热闹闹的，但这对于激活学生的数学思维并无作用。这样的"剪"没有伴随着学生深刻的数学思考而来，因而"剪"不出效果，"剪"错位了！

"剪"不到位——"剪"在××××年11月20日

经过思考，我把"剪一剪"的环节调整到练习部分进行了第二次试教。练习部分的过程记录如下。

练习：请学生数一数下面的图形共有几个角？（如图67所示）

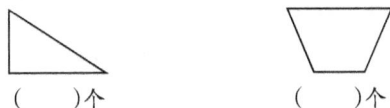

图67

师追问：把这个图形（如图67右所示）剪一刀会剩几个角？请动手试一试。

学生兴趣浓厚，没过多久就有学生高举自己的研究成果和大家交流：

生1：老师，我剪出来的图形剩4个角。（学生边说边上来演示，如图68所示）

生2：我剪的剩5个角。（如图69所示）

生3：剩3个角。（如图70所示）

课堂上学生的表现较前一次试教明显积极多了，大家围绕"剩几个角"这一问题动手剪一剪，似乎并没有剪错位，但是这与我课前所预设的却仍有一段距离。学生的回答都是中规中矩

剩4个角
图68

剩5个角
图69

剩3个角
图70

的，除了常规的方法之外并没有独特的想法。这是否和我急着安排学生动手剪一剪，没有让他们充分进行数学思考有关？是否应该把"剪一剪"这样的操作活动作为猜想后的验证来安排？带着对这些问题的思考，我进行了第三次实践。

"剪"出智慧——"剪"在××××年11月23日

这一天，我参加了杭州市组织的送教活动，到偏远的农村小学上这堂课。我决定让学生在动手"剪一剪"之前先进行猜想，然后再操作交流。课上到练习部分，过程记录如下：

师：大家先不急着剪，想一想剪一刀之后可能会剩几个角。想好了就把你的答案告诉大家。

生1：我猜一定是3个角，因为4-1=3。

生2：可能会有5个角。

生3：我也同意有5个角。

生4：我肯定还是4个角不变。

生5：剩6个角。

……

师（把学生"五花八门"的答案全部写在黑板上）：大家认为哪个答案对呢？怎样剪才会剪出这样的结果呢？请动手试一试。

先猜想再操作会有怎样的教学效果？尝试之后我才发现课堂上的"生成"又一次超出我的设想，和前一次上课相比，这节课中学生不仅想出了预设中的剩3个、4个、5个角的答案，还想出了与众不同的答案。

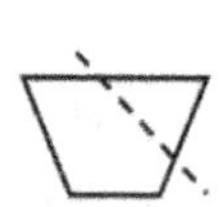

同样是剩3个角，一位名叫"亮"的孩子是按图71所示这

剩上面3个角

图71

样剪的。

乍一看，大家还以为剩5个角，但亮的解释却不太一样，他说剩上面那张三角形的纸，这样是3个角。如果剩下面那张五边形的纸，是5个角。对于这答案，我始料不及，却让人拍手叫好！

学生华的想法也与众不同：老师，我认为剩下6个是有可能的。

全班哗然：怎么可能？吹牛啊！

华说：我剪给你们看！

华边说边拿着剪刀走上讲台，迫不及待地想把自己的重大发现告诉大家。我在一旁也愣住了，因为预设里没有这个答案，这究竟是怎么回事？

正在我纳闷之时，华向大家展示了剪后的图形（如图72所示）。

不剪断，掀起一个角

图72

大家争论：你这样剪"耍赖皮"，因为没有剪下来。

华也不甘示弱：题目要求说剪一刀，并没有说一定要剪下来。

尽管对于剩6个角这个结论的确有争议，但华别出心裁的剪法、与众不同的思考角度还是给我们带来了惊喜。

随后发言的红说自己剪后只剩1个角，当所有的同学都对她的想法表示怀疑时，她以行动向我们加以说明（如图73所示）。

剩1个角

图73

看了红的剪法，我随即追问：为什么你这样剪就只剩下1个角呢？

红说：因为我们已经知道角的两条边是直直的，这样剪圆了边不直，所以就只剩1个角了。

此时，全班同学自发地鼓起掌来。

写在课后——"剪"出课堂精彩

在课后，一位特级教师曾现场点评："剪一剪"的环节"剪"出了学生的智慧，巩固了学生所学的知识，启迪了学生的思维。现场听课的教师也感叹：学生真聪明，剩1个角的剪法连老师都没有想到。仔细回顾这节课的执教历程，从"剪"错位到"剪"不到位，再到"剪"出智慧，是什么充分激活了学生的思维，成就了课堂精彩呢？

（一）任务有趣——找准思维发展点

根据学生的认知规律和知识基础，找准学生的思维发展点，适当拓展知识的广度和深度，设计富有挑战性的学习任务，让学生时不时地"跳一跳摘桃子"，可以让学生的数学思考更加积极，让学习更有意义。有的课堂"死气沉沉"，很大程度上是因为教师设计的任务过于简单，毫无探究价值。

从"剪出来的故事"中我发现，像"猜一猜剪一刀会剩几个角""剪一剪验证自己的想法"这样的数学任务符合二年级学生的认知特点，能充分激发学生的探究兴趣。因此，引导学生积极进行数学思考的关键在于任务设计，任务设计得好、找准学生思维发展点，就能让数学课堂彰显魅力。

教师应创造性地开发那些发生在学生身边的同时又含有数学现象和数学规律的资源信息为教学所用，分析、利用好教材资源，深入挖掘、巧妙整合，设计能够激发学生数学学习兴趣的、引导学生自主探索的学习任务，提高学生的思维能力，为培养学生良好的数学素养创造更有利的条件。

（二）活动有序——梳理思维发展顺序

两次实践证明，把"剪"的环节调整到练习中的做法是正确的。课堂上，学生积极参与、踊跃发言，连听课教师也变得思维活跃，饶有兴趣地展开讨论。同样是"剪"，前后教学效果却有别，究其原因是改动后活动程序合理，符合学生的认知特点。"剪"必须融入学生的数学思考才会更有价值，而将其放在创造角的过程中，目标单一且过于简单，但将其放在练习部分、在猜想之后，其思考的深度则大于前者，学生的思维因而能被充分激活。

在日常教学过程中，我们经常会有这样的体会：同样的教学内容因为程序设计不同，产生的效果往往会大相径庭。教学环节是一堂课的"骨架"，"骨架"搭得怎样直接决定课堂教学效果。面对充满智慧的学生，教师应综合考虑学生的认知规律、年龄特点以及教学目标要求等，通过巧妙的环节设计引导学生积极地进行数学思考，让数学课堂充满灵气！

（三）开放有益——预留思维发展空间

"剪一刀会剩几个角"是一个开放的问题，剩3个角、4个角、5个角等都是可能的答案，给学生充分预留了思维发展空间。即使在答案确定的情况下，剪法也不唯一。比如，剩3个角的剪法就不止一种。从课堂教学的效果来看，这样的任务设计充分考虑了学生的认知基础，关注了学生的差异，为学生多角度思考问题提供了机会，因此能充分激发学生的探究兴趣，有效促进学生的数学理解能力和数学思维能力的发展。与此同时，课堂上同伴间不同答案的交流、不同思路的分享，营造了相互学习、相互启发的良好研讨氛围，既激活了学生的数学思维，又让学生获得了丰富的学习体验，增强了学习自信。

综上所述，找准学生思维发展点，让任务有趣，梳理思维发展顺序，让活动有序，预留思维发展空间，有效开放，既"剪"出了学生的智慧，又"剪"出了课堂精彩，这值得我们不断研究与实践。

——部分内容原载于《中小学数学（小学版）》2007年第7-8期第55页至59页《我的数学课堂教学故事》（江萍）

一样的"连乘"能不能有不一样的精彩?

——"用连乘解决问题"一课的磨砺与思考

▷ 缘起——同课引发烦恼

某日我接到通知,要在浙派名师暨全国小学数学名师经典课堂教学艺术展中上一节数学课,内容是"用连乘解决问题"。我清晰记得自己曾在学校50周年校庆教学专场展示活动中执教过这节课,当时冥思苦想结合校庆创设了问题情境,时隔多年,课堂教学场景依然历历在目。

"校庆版"课堂再现:

(一)导入

师:今年我们学校有一件大喜事——50周年校庆,学校给大家准备了一份特殊的礼物。(出示新校服图片及仓库摆放图片,如图74所示)

图74

（二）展开

1. 自主探索，尝试解决。

出示问题：若全校每位学生一套，校服够不够用？思考：需要知道哪些条件？

观察提取信息：每箱有200套校服，每层有5箱，放了4层。

学生尝试解决并交流方法：

预设方法一：5×4×200＝4000（套）（总箱数×每箱套数＝总套数）

预设方法二：200×5×4＝4000（套）（每层的套数×层数＝总套数）

预设方法三：200×4×5＝4000（套）（每列的套数×列数＝总套数）

出示信息：集团三校总人数为3989人，3989＜4000。4000套校服够用。

【设计意图】选取校服问题作为例题，将数学与生活紧密结合在一起，通过计算校服共有几套，充分激发学生的研究兴趣。例题中出示的箱子摆放图非常直观地再现了每行、每列、每箱之间的关系，利于学生清晰理解连乘算式中每一步的意义。

2. 练一练。

出示问题：跑道每圈400米，她一个星期（7天）跑了多少米？（如图75所示）

图75

学生尝试解决并交流方法：

预设方法一：400×2×7＝5600（米）（每天米数×天数＝总米数）

预设方法二：2×7×400＝5600（米）（每周圈数×每圈米数＝总米数）

【设计意图】选取跑步问题作为练习题，一方面因为它源于教材，是一道基本练习，另一方面它与学生的实际生活密切相关，利于学生理解、表述乘法算式中每一步表示的意义。

3. 小结。

4. 独立练习：教材第102页例4、5（人教版实验教材）。

（三）拓展

出示问题，获取信息（如图76所示）。

图 76

讨论：12×2板表示的意义。

学生尝试解答并交流。

【设计意图】类似的吃药问题在生活中比较常见，通过练习能帮助学生进一步增强应用意识、积累经验，培养学生合理选取信息解决问题的能力。

现在距离校庆教学专场展示活动已过去多年，记得当时上完课之后我感觉是比较顺利的，但课后有几个问题一直困扰着我，比如：数量关系到底要不要总结？算法多样化需不需要优化？连乘模式系统建构后是否需要解构？现在再上这节课，除了继续思考这些问题外，当时的例题情境也已不适用，因为结合学校校庆实际设计的校服问题已时过境迁。这些都需要我在深入分析教材与学情的基础上，对教学设计做进一步的思考与调整。这课究竟应该怎么上呢？于是，我对于连乘问题的研究与实践再次起步。

🔍 行动——异构再现思考

我仔细研读教材，走进学生，在不断的学习与研究中，开始深入思考，思路渐渐明晰……

思考一：关于目标定位——注重问题解决

1. 学生认知基础分析。

"用连乘两步计算解决问题"是人教版实验教材三年级下册（2005 年版）第八单元"解决问题"第一课时的内容。本课内容是在学生学习了用乘加（减）等两步计算知识解决问题，学习了两、三位数乘一位数，初步接触连乘计算式题的基础上进行教学的。学生在前面的学习中已经获得了一些解决问题的基本经验，初步掌握了两步计算式题的计算方法。基于上述分析，本课的重点定位于运用连乘解决生活实际问题。让学生经历从实际生活中发现问题、提出问题、解决问题的过程，理解基本的数量关系，并在解决问题的过程中体会解决策略的多样性，感知数学的应用价值，享受成功解决问题的乐趣。

2. 学生学习难点分析。

对学生而言，正确计算连乘计算式题不存在问题，但根据题意正确分析、理解算式每一步所表示的意义并清晰地表达数量关系，学会用多种策略解决问题是学生在本课学习中的难点。因此，教学中教师应帮助学生提炼解决问题的方法：从问题出发、合理选取信息、多角度思考、对算式每一步进行分析、理解数量关系，并鼓励学生用多种方法解决问题，切实提高学生解决问题的能力。当然本课教学中可能会出现学生将任意三个数相乘解决问题的方法，即"假设"思想，但我认为这样的方法在本课出现并不合适，教师应引导学生结合题意分析算理，建立清晰的数量关系。

思考二：关于材料组织——体现数形结合

1. 人教版实验教材例题分析。

人教版实验教材例题的材料是"广播操表演"（如图 77 所示），这一问题能体现连乘问题的结构特征、数量关系及思考策略，但由于表演人数较多的原因，用形象的图解法来分析每种解题思路变得困难；其次这一问题的解决策略除了用"一个方阵的人数×方阵数"外，学生很难想到其余两个策略。考虑到以上两点，我们将例题的素材进行了改编。

图77

2. 改编后的例题分析。

改编后的例题素材为"礼品盒的摆放"（如图78所示）。选择这一材料作为例题主要是因为：第一，它能较好地体现数形结合的思想，沟通解决问题、计算教学与几何图形三者的关系，在培养学生解决问题能力的同时发展学生的空间观念，为其今后的学习打下基础；第二，根据学生的认知规律，学习过程应从形象感知逐步过渡到抽象概括，因此在研究例题时，我让学生借助直观图形象地理解数量关系，然后由易到难逐步提升；第三，解决礼品盒的摆放问题共有三种策略，这三种策略学生都易发现、易理解，能较好地体现本课解决问题策略多样化的思想。因此我对例题内容进行了改编。

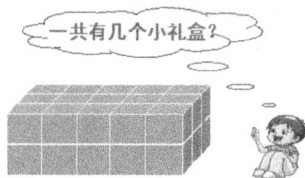

有2层小礼盒，每层有3行，每行有5个

图78

思考三：关于策略选取——重在激活思维

1. 多角度思考问题。

解决问题时应倡导学生根据实际情况多角度进行思考，即从问题出发或从条件出发，通过提供多种信息让学生筛选，培养学生分析处理信息的能力。在本课的教学设计中，我试图通过具体形象的例题研究到第二层次书面练习（如图79所示），从单一条件到隐藏条件、多余条件的提取，从集体讨论解决到学生独立尝试等设计，由浅入深、由表及里，通过抽象、概括、归纳、演绎、类比等进行推理，引导学生进行数学式思考。

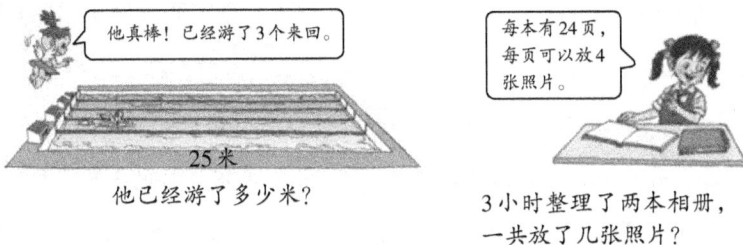

他真棒！已经游了3个来回。

25米

他已经游了多少米？

每本有24页，每页可以放4张照片。

3小时整理了两本相册，一共放了几张照片？

图79

2. 多策略解决问题。

本课在设计时鼓励学生用多种策略解决问题，如对于礼盒摆放问题、跑步问题、游泳问题，教师都倡导学生用多种方法进行解答，并通过合作交流、比较分析等方式，不断优化解题思路。在这个过程中，进一步开拓学生的思路，提升学生解决实际问题的能力，为学生今后的数学学习打下扎实的基础。

带着对教学设计的三点新思考，我完成了本节课的过程预设，并在浙派名师暨全国小学数学名师经典课堂教学艺术展中进行了展示。课堂实践证明：这样的预设是可行的。

（一）课堂导入

双休日老师去超市看到一箱礼品，它里面的小礼盒是这样摆放的（课件出示）。

（二）新课展开

1. 初步尝试用连乘两步解决问题。

（1）根据图提炼数学信息。

有2层小礼盒，每层有3行，每行有5个，一共有几个小礼盒？

（2）学生尝试解决：列式解答。

预设方法一：$5 \times 3 \times 2 = 30$（个）

每行有5个，有这样的3行，用5×3先求出一层的个数；有这样的2层，再乘2。

预设方法二：$5 \times 2 \times 3 = 30$（个）

每行有5个，有2行，用5×2先算出一行的个数；因为有这样的3行，所以再乘3。

预设方法三：$2 \times 3 \times 5 = 30$（个）

有2层，每层3个，用2×3求出一行有6个；共有这样的5行，再乘5。

师小结：如果小礼盒再加一层变为3层呢？你打算先求什么？那如果变成10层呢？100层呢？你打算先求什么？看来我们只要先求出一行的个数，再乘上有这样的几行，就能顺利地解决问题。

2. 实际应用，尝试练习。

（1）练一练：跑道每圈400米，她一个星期（7天）跑了多少米？

（2）小结揭题：礼盒问题、跑步问题的相同点——两步计算、方法多样。

3. 巩固练习，融会贯通。

（1）学生独立思考解答：游泳问题、相册整理问题。

（2）反馈交流重点：

游泳问题——来回的实际意义，相册整理——多余信息的处理。

（3）师小结：做完这两道题后，你得到什么启示？

预设：解决问题时要提取有用的信息。

（三）练习拓展

1. 例题拓展：每人发一个礼物，1箱礼物够不够？

（1）出示问题：

师：还记得课开始时的小礼盒吗？如果老师想把这些小礼盒中的礼物送给你们班的小朋友一人一个，这1箱礼物够不够（如图80所示）？需要考虑什么问题？

图80

（2）讨论交流：

条件获取：班级人数，每个小礼盒里到底装了几个礼物？

课件出示：每个小立方体里装着一个礼物。

得到结论：需2箱。30×2＝60（个）。

2. 例题拓展：200元够买2箱礼物吗？

（1）出示问题（如图81所示）：

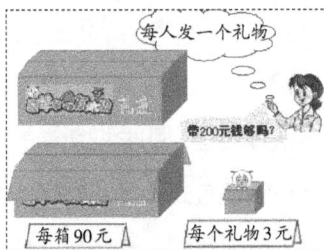

图81

（2）讨论交流，出示条件：

条件一：每箱90元。

条件二：每个礼物3元。

157

（3）学生尝试解答：

已知每箱90元，方法：90×2＝180（元）　180＜200。

已知每个3元，方法：30×2×3＝180（元）　180＜200。

（4）师小结：选取的条件不同，计算方法也不同。

3. 例题拓展：如果每个小礼盒里有2个喜羊羊礼物，每个礼物3元，200元够买2箱礼物吗？

（1）学生尝试解答：30×2×2×3＝360（元）。

（2）交流算式中每一步的意义。

（3）师小结：连乘问题不一定只有三个数相乘，我们要从问题出发，选择合理的条件灵活解答。

回顾——研究生成智慧

回顾这节课的磨课历程，从得知课题时的烦躁到初备教案时的困惑，再到实践后的豁然开朗，我感触颇深，对解决问题教学也有了新的认识与思考。

（一）解决问题重在"任务设计"

本课我以小礼盒为核心材料（如表5）设计研究任务，通过深度挖掘材料，充分激发了学生学习的积极性。现代认知心理学认为，学生学习数学的过程，从根本上讲是一个数学认知过程，即要把所学的数学知识结构转化为学生自己的认知结构。通过设计一组递进式的学习材料，引领学生主动参与、自主体验，从而理解、掌握知识，构建新的认知结构，这是非常重要的。

通过教学实践，我们发现教师在课堂导入、新课展开、练习拓展等环节尝试一材多用，能让学习任务更具整体性、思考性，有助于学生更加深刻地理解数学知识，提升问题解决能力。

表5 "用连乘解决问题"材料深度挖掘及课堂实施分析

核心材料	教学过程	挖掘材料内容	材料分析及课堂反馈
	课堂导入	提取信息：有2层小礼盒，每层有3行，每行有5个	◆材料分析：结合生活实际，符合学生的认知规律。◆课堂反馈：学生兴趣浓厚，导入环节课堂氛围好
一共有几个小礼盒？有2层小礼盒，每层有3行，每行有5个，一共有几个小礼盒？	新课展开	补充问题：一共有几个小礼盒？	◆材料分析：顺势补充问题，呈现例题，衔接自然。◆课堂反馈：学生思维活跃，解题方法层出不穷，新课展开顺利
	练习拓展	补充条件：每人发一个礼物，这一箱够吗？带200元钱够买吗？	◆材料分析：延伸例题，既巩固新知，又巧妙拓展。◆课堂反馈：学生被这一连串的问题吸引，积极思考进行解析，课堂精彩不断

(二) 解决问题重在方法引领

解决问题的过程并不仅仅是列出算式、算出答案的过程，它还应该是一个习得方法、形成策略的过程。基于这样的想法，在教学中，我们鼓励学生多角度思考问题、多策略解决问题。通过不断地自我评价、调控、提炼、整合，从中产生解决问题的有效策略，并使解决方法达到最优化。

本课的板书设计（如图82所示），我们结合具体的解题过程将解决问题的基本方法进行了梳理归纳，即从问题出发，合理提取有用的信息，用多种策略解决问题。让学生通过一节课的学习，掌握解决问题的一般方法。

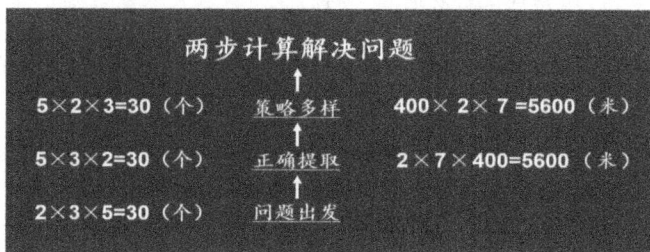

图 82

（三）解决问题重在适时解构

《义务教育数学课程标准（2022年版）》中指出，数学建模是数学与现实联系的基本途径。"用连乘解决问题"最基本的数学模型是什么？我们将它与"每份数×份数"建立起联系，让学生学会把所学的知识连点成面、融会贯通。在考虑建立连乘问题数学模型的同时，我们还在思考怎样通过合适的材料进行解构。

首先，在本课的设计中我们没有出现"连乘"两字，而是用"解决问题"代替，原因是希望学生学会根据问题的需要去寻找解题策略，而不是在课题的引领下生搬硬套。其次，在列式时，我们也特别强调让学生结合题意分析算理，提炼基本数量关系，明晰不是三个数任意相乘就可以，让学生真正理解算式的意义。再次，对于本节课的练习题我们也进行了调整，如在游泳题中安排了文字隐含信息"来回"，在整理相册题中安排了多余信息"3小时"，在最后的礼盒题中安排了一个"四数连乘"的问题，在系统建构的基础上适时解构，提升学生解决问题的能力。

数学建模是一个从实际到数学，再从数学到实际的过程。在教学中我们要将建构与解构巧妙结合，帮助学生正确建立数学模型。

再思考——精彩还将继续

浙派名师暨全国小学数学名师经典课堂教学艺术展活动结束已有几年，2013 年版人教版教材将"连乘问题"放在三年级下册第四单元，在"两位数乘两位数"口算乘法、笔算乘法内容之后解决问题部分进行教学，例题素材也做了调整，用超市出售保温壶的情境替代了原教材中计算广播操表演人数的问题。2013 年版人教版教材通过两种不同的解题思路，即先求每箱的价格再乘箱数，以及先求出保温壶数量再乘单价，最后求总钱数的方法，渗透单价、数量、总价的数量关系，让学生充分感受数学与现实生活的密切联系。在教材"做一做"与"练习十二"中也分别安排了安装玻璃、跑步、种西瓜、运水、游泳等学生熟悉的生活问题，为学生深刻理解题目的基本含义奠定基础。这也启示我们，解决问题教学中"问题"的设计很关键，它需要符合生活实际，能真正引发学生的思考，能切实提升学生的问题解决能力。

此外，我还在思考任务的设计能不能更加开放，以充分发挥学生的自主性。如在新课展开环节可以直接出示一道连乘算式，请学生自己来编一编题，既调动学生参与的积极性，又可以丰富例题资源，帮助学生理清连乘问题的基本结构、建立用连乘解决问题的模型。其次，我在思考探究方式能不能更加多样，除了让学生独立思考、自主编题外，是否可以组织学生在四人小组内逐个交流所编的数学问题，给学生充分展示自己想法的机会。通过自主探索、小组合作、集体交流等多样化的学习方式，充分激发每一位学生的参与热情，加深学生对连乘问题的理解与认识。

通过从日常生活中发现、提出、解决简单的数学问题，让学生获得分析、解决问题的基本方法，体验方法的多样性，建立基本的数量关系与模型，最终目的是促进学生思维的发展。如何在解决问题的教学中真正激活学生的思维，提升学生的能力，让一样的"连乘"带来更多不一样的精彩，我们需要继续思考、实践。

  ——部分内容原载于《教学月刊小学版（数学）》2012年第9期第35页至39页《一样的"连乘"不一样的"精彩"》（江萍）

怎样认识小数？

——"小数的初步认识"的实践与思考

◢ 课前思考——明确"认识"

　　某日，接到开课任务，内容是人教版数学三年级下册（2013年版）第七单元中的"认识小数"。这节课是学生学习小数的开始。在这之前，学生已经认识了整数十进位值制，初步认识了分数，学习了常用计量单位，这些都为本课的学习打下了基础。本单元的教学主要是借助具体的量（元、角、分，米、分米、厘米）和几何直观图，让学生直观感受小数与十进分数之间的关系，初步认识小数。[①]学习的内容主要是认识小数和简单的小数加、减法两部分，单元具体安排如图83所示。

[①]人民教育出版社,课程教材研究所,小学数学课程教材研究开发中心.义务教育教科书教师教学用书 数学 三年级 下册[M].北京:人民教育出版社,2016.

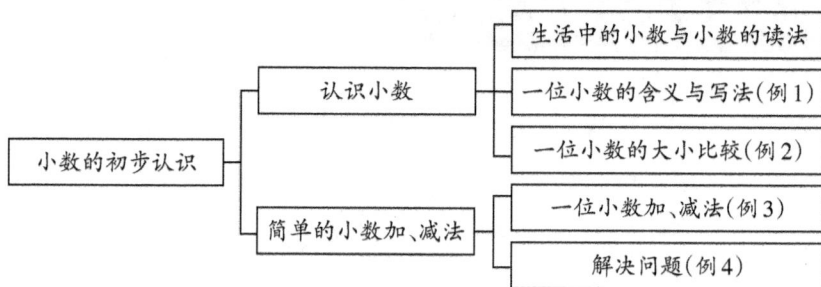

图83

在四年级下册第四单元，学生还将进一步认识小数，理解小数的意义与性质。因此，这个单元的内容是学生后续学习小数的基础。那么，三年级下册的"认识小数"与四年级下册的"小数的意义"在目标定位上有哪些区分？带着这个问题我仔细研读教材，发现三年级下册的"认识小数"结合具体的"量"以及直观模型，以学生理解一位小数的含义为主，而四年级下册的"小数的意义"选用米尺作为直观教具，以长度单位为例说明十分之一、百分之一、千分之一分别可以用一位小数、两位小数、三位小数表示，进一步完善学生对小数的认识。

通过日常观察我发现，三年级学生对于小数其实并不陌生，在购物、测量身高体重等的时候都看到过或用过小数。为更准确地把握学生的现实起点，我在班级里做了一次教学前测（如图84所示）。

1. 请你搜集一则含有"小数"的信息，完整地记录下来。

2. 请你把思考过程完整地记录下来。
0.1元我会写成（　）角，我还会写成（　）元。

说一说：为什么可以这样记录

画一画：用简单的图说明其中的道理

3. 关于"小数"，你已经知道了什么？请在方框里写一写。

图84

164

其中第一题是请学生搜集一则含有"小数"的信息，从调查的情况来看，100%的学生都能正确地搜集到关于小数的信息，且信息内容非常丰富，既有表示商品价格的小数，又有表示身高、长度的小数，还有像圆周率那样的多位小数等（如图85所示）。

生1:公交车上,儿童身高小2米以下可以免费乘车。
生2:故事书定价19.80元
生3:我的身高1.33m
生4:圆周率是3.1415926~3.1415927之间
……

图85

第二题是请学生写一写对0.1元的理解，调查结果显示：100%的学生都能正确写出0.1元等于1角，其中50%以上的学生能用人民币的直观图、方格图、线段图以及文字说明其中的道理（如图86所示）。但该题中产生错误较多的是"我还会写成（　）元"，部分学生想不到可以用分数表示0.1，还有部分学生表示错误，这需要教师在课堂教学中充分关注。

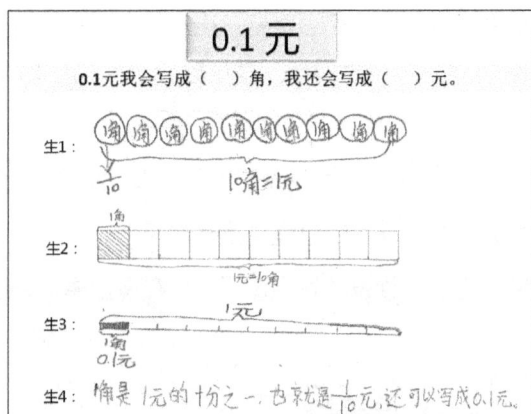

图86

第三题是请学生写一写关于"小数"已经知道了什么。有的学生介绍了小数点，有的学生介绍了小数的数位、小数与分数的关系、小数的大小，还有的学生介绍了小数的分类等（如图87所示）。其中既有正确的认识也有错误的认识，有些内容甚至已经超出了本单元、本册教材的学习范围。这些都说明学生对小数的了解并非如同一张白纸，教师应准确把握好学生的认知起点，精心设计，增强课堂教学的有效性。

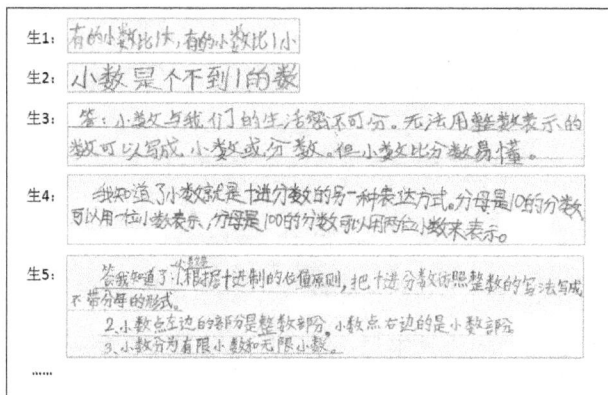

图87

基于此，我将本课的教学目标定位为：

（1）结合具体的情境认识小数，能认、读、写不超过两位的小数。

（2）借助生活情境与几何直观图，理解以元为单位、以米为单位的小数的实际含义。知道十分之几可以用一位小数来表示。

（3）充分感受小数与实际生活的密切联系，体会数学的价值。让学生在观察比较、自主探究、寻找联系的过程中提升学习力。

按照这样的目标定位我预设了教学过程，并在课堂中进行了实践。

课堂实践——演绎"认识"

（一）新课导入

1. 揭示课题：认识小数。

2. 小数的读写。

（1）请学生在练习纸上任意写一个小数并交流，认识小数点、整数部分、小数部分。

（2）归纳小数读写法。

3. 认识0.1。

（板书：0.1）

师：关于0.1你已经知道了什么？

出示完整的信息（如图88所示）：

一张书签 ✒ 的价格是0.1元

图88

师：说一说0.1元到底是多少钱。

【设计意图】通过请学生任意写一个小数，盘活学生已有经验，把握学生的学习起点，适时归纳小数的读写法。

（二）新课展开

1. 理解以"元"为单位的小数的含义。

（1）理解0.1元（如图89所示）：

1角

( )元   0.1元

图89

师：想一想1角除了用0.1元来表示还能用其他的数来表示吗？

讨论：1角为什么等于$\frac{1}{10}$元？

借助几何直观图（如图90所示），理解1角$=\frac{1}{10}=0.1$元，思考：在1元里面能找到几个0.1元？

167

1元

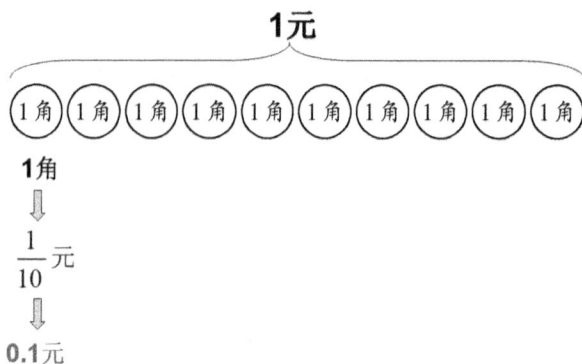

1角
⇩
$\dfrac{1}{10}$元
⇩
0.1元

图90

（2）试一试：

3角＝$\dfrac{(\quad)}{(\quad)}$元＝(　　　)元　　　6角＝$\dfrac{(\quad)}{(\quad)}$元＝(　　　)元

8元5角＝(　　　)元

师：为什么这个小数不是零点几？

【设计意图】从学生非常熟悉的人民币入手展开学习，让学生充分理解小数中各个数字的现实意义与相互间的十进关系，感悟同一个量既可以用整数表示，也可以用分数表示，还可以用小数表示，初步建立起联系。

2. 理解以"米"为单位的小数的含义。

（1）理解0.1米。

师：通过刚才的研究我们认识了0.1元。

出示信息（如图91所示）：

一张书签　长0.1米

图91

师：那0.1米又该有多长呢？如果我们用这条线表示1米，你能在里面找到0.1米吗？试一试。（学习建议：想一想、画一画、说一说）

学生尝试（如图92所示）。

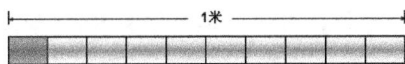

图92

交流：把1米平均分成10份，每一份是 $\frac{1}{10}$ 米，也就是1分米，是0.1米。

1分米 $=\frac{1}{10}$ 米 $=0.1$ 米　　思考：1分米为什么等于 $\frac{1}{10}$ 米？

(2) 试一试：

5分米 $=\dfrac{(\quad)}{(\quad)}=($　　)米　　　8分米 $=\dfrac{(\quad)}{(\quad)}=($　　)米

师：这些小数在生活中用处可大了，比如一拃的长度约为0.1米，刚出生的宝宝身高都差不多是0.5米，高年级学生课桌的高度大约是0.8米。

【设计意图】让学生在理解以"元"为单位的小数含义的基础上进行学习，能有效实现知识的正迁移。通过借助米尺模型，让学生在自主探究的过程中直观感受以"米"为单位的小数的大小，理解含义。

3. 小结。

(1) 师：仔细观察这些小数与分数，你有什么发现？

预设：这些小数部分只有一位的小数都表示十分之几。

(2) 师：仔细观察0.1元与0.1米，它们有什么相同点与不同点？

预设：相同点是都可以用分数 $\frac{1}{10}$ 来表示，都表示把一个数平均分成10份，取了其中的一份；不同点是单位不同。

(3) 师：除了0.1元、0.1米，在0.1的后面还能加什么单位？

预设：0.1（角），0.1（分米），0.1（吨），……

师：你能在线段上表示0.1吨吗？揭示0.1吨 $=\frac{1}{10}$ 吨（如图93所示）。

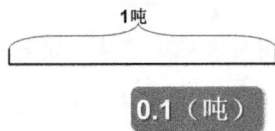

图93

169

（4）师：如果去掉单位，用这个正方形表示1（如图94所示），你还能在这个正方形中找到0.1吗？除了0.1之外，还能找到零点几？

$$\boxed{1}$$

图94

【设计意图】在归纳整理中初步理解小数是十进分数的另一种表现形式，一位小数表示十分之几。

（三）练习拓展

1. 用小数表示价格。

学生练习，交流反馈。

2. 用小数表示身高。

（1）师：老师的身高大约是1米6分米，你能用"米"作单位来表示这个数吗？你能在这条线段上找到1.6米吗（如图95所示)？

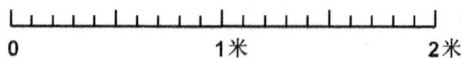

图95

（2）师：你们的身高是多少？目前世界上最高的女人身高超过了2.2米，你能在这条线段上将2.2表示出来吗？为什么？

（3）出示数轴（如图96所示）：请学生填数。

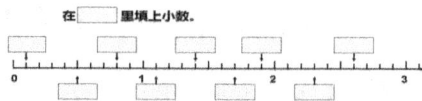

图96

【设计意图】借助几何图形直观巩固对小数含义的认识，通过让学生灵活地运用小数的相关知识解决问题，加深其对小数意义的理解。

课堂印象——交流"认识"

按这样的思路，我先后在第三届闽浙小学数学课堂教学交流研讨活动、"千课万人"核心素养下的小学数学"学习力提升"课堂教学观摩会、浙派名师小学数学课堂教学研讨活动中执教了这堂课。从现场听课教师的点评中，我发现这堂课给大家留下深刻印象的是：简约的材料、大气的任务、联系的视角、教师巧妙的引导、学生精彩的回答、课堂浓浓的研讨氛围……

听课教师的课堂点评

<u>189****6935</u>　三年级的孩子们是第一次学习小数，但是他们在实际生活中却已经不止一次地接触过小数。江萍老师通过课前调查得知学生对小数既熟悉又陌生，即熟悉它的表示形式，但对它的含义感到陌生。因此，在这节课的教学中江萍老师的重点是让学生知道以元为单位、以米为单位、以吨为单位的小数的实际含义。整节课教学的难点环节在江萍老师有效的引导下完成，她真正起到组织者、引导者和合作者的作用，不仅把学习的时间、思考的空间、展示的机会留给学生，而且教学内容也得到了多次的反馈强化，拓展了知识的宽度，提高了教学效率，增强了教学效果，让学生感受小数的现实作用，潜移默化地接受知识的洗礼。

<u>158****9713</u>　抓住计数单位0.1，逐步抽象，江老师的设计真不错。

<u>135****8535</u>　江老师把一节简单的课上得相当精彩，步步紧扣，学生的基本知识掌握得很扎实。

<u>150****7055</u>　江老师温柔大方的上课气质深深地感染了每一位听课者，孩子当然也被吸引了。对于小数的认识，通过先学后导效果很好。

<u>133****2864</u>　江老师的课以学生为主体，体现了教学理念，重视学生技

能的训练和发展，值得学习。感谢江老师。

138****4614　老师充满激情，感染了学生，更感染了每一位与会教师。

132****8022　江老师精彩的演绎，生动的讲解，确有女中豪杰的风范。从元、角、分的数学模型，也就是小数，再过渡到对长度单位、质量单位中0.1的充分感知，让学生深入体验，初步建构小数的模型，有的学生甚至还发现10个0.1是1，可见此课的完美。

......

课后感悟——加深"认识"

回顾这堂课的研究历程，从教材研读到课前调查，从教学设计到课堂实践，我对小数的认识也不断深入。

感悟一：基于学情，盘活经验

实践证明：基于学情，有针对性地展开教学能提升课堂实效。通过调查，我发现课前学生对小数的知识有一定了解，这具体体现在学生都能正确地搜集到一则小数的信息，能写出0.1元等于1角，其中50%以上的学生会用图或文字说明其中的道理，还有部分学生了解关于小数的数位、大小等知识。这些都说明，学生在日常生活中已经初步积累了一些有关小数的直观经验与认识，教师在教学设计时应充分关注学生的已有经验，有效盘活，让学习真正发生在课堂。

基于此，在第一次教学实践时，我采用了交流学生课前自主搜集到的小数信息的方式来导入新课。学生搜集的信息种类丰富，通过在课堂上交流展示，既激发了学生的学习热情，也让教师清楚地了解学生的学习起点，可谓一举两得。在后两次的实践中，我将导入方式调整为请学生自己写一个小数，这任务看似简单却能将小数的读法、写法融为一体，充分发挥学生的主体性。学生写的小数既有一位小数，也有两位小数、多位小数，如 3.5、100.08、99.99、0.1、0.00001 等，为小数的读写法教学提供了丰富的学习材料。通过自主汇报，我发现对于一位小数的读写学生已经完全掌握了，但对于多位小数的读写仍需要教师适时引导，明确读写规则。随后，我从学生熟悉的 0.1 元入手，展开新课的研究，有效盘活学生的已有经验，顺学而导，充分激发学生的探究热情。

感悟二：任务驱动，激活思维

在课堂教学中，教师应根据教学内容以及学生的年龄特点设计能引发学生积极思考的学习任务，让学生在主动探索中提升学习力与思考力。应该设计一个怎样的学习任务贯穿全课是我这节课重点思考的问题。教材安排的一组图让学生从质量、价格、体温、身高四方面感受小数在日常生活中的广泛用途，通过借助具体的、常见的"量"来认识小数。《教与学的新方法·数学》一书中提到，认识小数要基于学生已有的生活经验，一般有两条基本的途径：第一条途径是从记录花钱的数量发展而来的，第二条途径是使用米制系统的经验，即以米制系统作为学习小数的基础。①

于是，我尝试围绕一个小数，将价格、长度、质量等知识融入其中，形成一个学习任务，让学生主动探索、解决问题。分析前测数据、学生认知特点以及教学目标之后，我选择围绕 0.1 展开教学，从学生熟悉的 0.1 元入手，让学生说一说 0.1 元表示什么意思，然后过渡到 0.1 米，再到在 0.1 后面加其他单位，引出 0.1 吨，让学生感悟同一个量既可以用整数表示，也可以用分数表示，还可以用小数表示，初步建立起三者之间的联系，逐步理解小数的含义（如图 97 所示）。

---

① 人民教育出版社,课程教材研究所,小学教学课程教材研究开发中心.义务教育教科书教师教学用书 数学 三年级 下册[M].北京:人民教育出版社,2016.

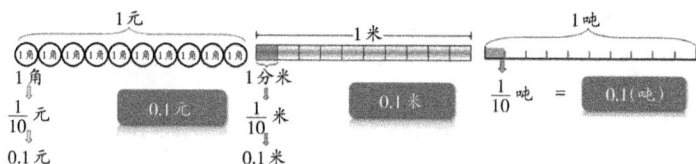

图 97

在学生认识了带有具体单位的0.1后，我随后去掉单位，通过一个正方形逐步将0.1抽象化，让学生进一步理解0.1就是十分之一，并以此类推，认识0.2、0.3、0.9等，借助具体的正方形图感悟10个0.1就是1（如图98所示）。课的最后，我还通过数轴上的0.1，让学生更深刻地认识0.1。

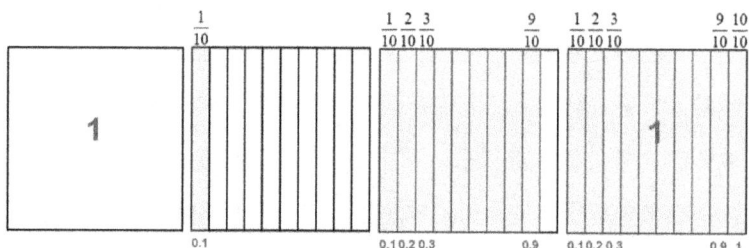

图 98

从课堂实践的效果来看，聚焦0.1的研究任务，有效激活了学生的思维，让学生在想一想、画一画、说一说0.1的过程中不断深化对0.1的认识，逐步清晰小数的含义。

感悟三：整体架构，建立联系

在教学设计时系统思考、整体架构，打通知识脉络、建立联系，将进一步提升课堂教学的有效性。

本课的设计我首先思考三年级下册、四年级下册两册教材小数有关单元的教学目标定位，从整体上把握知识结构，在学生初步认识小数时引入分数，让学生直观感受小数与十进分数的关系（如1角＝$\frac{1}{10}$元＝0.1元，1分米＝$\frac{1}{10}$米

＝0.1米），为后续学生进一步学习小数、理解小数的意义打下基础。

其次，我充分关注课时教学内容的整体性，从课开始时写一个小数引出0.1，到课结束时在数轴上出示0.1，自始至终都以0.1为主线展开教学，让学生在具体"量"的感知中形成对0.1的深刻认识，让课堂浑然一体。

根据英国华威大学的韬尔教授等人分析，数概念是一个典型过程型概念，也就是说它既是过程，又是概念。它需要学生在具体操作的基础上，通过压缩和内化，逐步形成作为对象的概念，并纳入已有的认知结构。[①]因此，我通过借助人民币、米尺、面积、数轴等直观、半直观的模型，让学生在熟悉的、具体的"量"的环境下体会、认识小数的含义。在新课展开部分，我以书签价格引入并层层深入，让学生理解以元为单位、以米为单位的小数的实际含义。在练习部分我设计了用小数表示价格、身高等习题，沟通小数与生活的关系。以任意圈一圈人民币并用相应的小数表示的练习题为例，学生圈画出的人民币中，既有用一位小数表示的，如50.5元、20.1元，又有用两位小数表示的，如80.88元、0.01元等，且对于小数每个数位上的数表示的意义，学生也能清晰解释。由此可见，通过具体问题情境的教学，不仅拉近了数学与生活的关系，也让学生对小数概念有了充分的感知，为后续层层剥离表面现象建立概念做好了准备。

回顾"小数的初步认识"一课的研究历程后，我对基于学情、盘活经验、任务驱动、激活思维，整体架构、建立联系的实际意义有了更清晰的了解。认识小数的研究还在继续……

——部分内容原载于《小学数学教育》2015年第17期第30页至35页《寻找从生活经验到数学理解的桥梁》（斯苗儿　赵海峰　江萍）

[①]鲍建生,周超.数学学习的心理基础与过程[M].上海:上海教育出版社,2009.

我的课堂教学故事之十九

在课堂中如何应对差异?

——以“长方形、正方形面积的计算”一课为例

课之“惑”

“长方形、正方形面积的计算”是人教版数学三年级下册（2013年版）的教学内容。那么，三年级的学生对长方形、正方形面积的计算是否了解？了解的程度怎么样？带着这些问题，我在课前做了一次调查（如图99所示）。

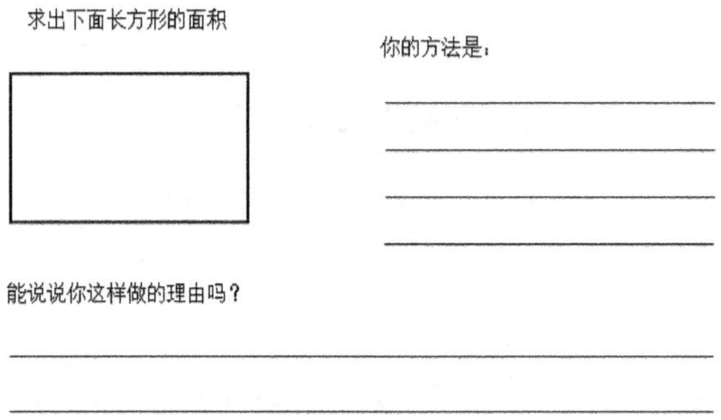

求出下面长方形的面积
你的方法是：
能说说你这样做的理由吗？

图99

通过前测，我发现学生对长方形面积的计算方法早已有所了解，超过50%的学生已经知道了长方形的面积计算公式，也有学生会用摆面积单位的方

法求出长方形的面积（如图100所示）。前测中无法求出长方形面积的学生只有三四人。面对大部分学生的高起点以及班级学生的差异，我应该如何进行教学设计，尊重差异、顺势而导，充分激活学生的思维呢？

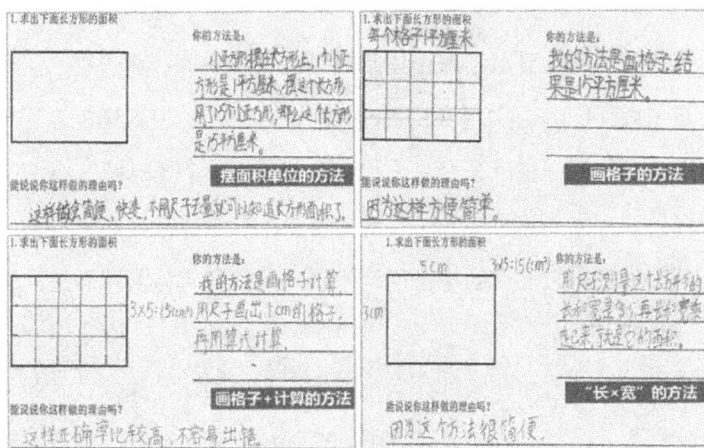

图100

🔍 课之"豁"

（一）先读教材

仔细研读教材，我发现教材中的例题编排是以面积意义为基础，以度量的本质为核心进行设计的（见教材第66和67页）。例题首先呈现了2位学生用画格子或用面积单位测量长方形面积的活动，同时呈现两种计数面积单位个数的方法，一种是一个一个地数，这是最本源的方法，另一种是用乘法计算，是长方形面积公式形成的基础。随后教材呈现了用面积单位拼摆多个长方形的活动，探索长方形面积与它的长、宽之间的关系，并以表格的方式进行记录，进而概括长方形面积的公式。例题的第三层次呈现了两个长方形，请学生量出长和宽，再计算面积，其中第二个图形长、宽相等，从而可通过推理得出正方形面积公式。①

由此可见，教材是从面积单位测量、初步感知面积计算方法再到深入探究得到面积计算公式的顺序编排的。本课的教学目标主要是让学生经历长方形、正方形面积计算公式的推导过程，理解长方形、正方形面积公式的意义。而通过课前调查，我发现大部分学生已经掌握了长方形面积计算公式，且他们在拿到一个长方形后往往会直接用公式去计算面积。面对学生这样的学习基础，我显然不能完全按教材提供的思路从面积单位测量引入，再一步步探究得到长方形面积计算公式，因为这不利于激发部分学生的探究欲望与参与兴趣。如何结合学生的基础设计探究活动让学生学有所获，是我需要认真思考的问题。

（二）再读学生

课前调查的结果显示，大部分学生对于长方形面积计算公式有所了解。那他们了解的程度怎么样？学生真正理解公式的意义吗？于是，我再次查看课前调查材料，发现尽管大多数学生已经会用长方形面积公式进行计算，但对于为什么可以这样做他们几乎是不知道的。有的学生把"爸爸教过"作为理由，有的认为公式就是这样的，还有的认为因为不能与周长计算公式相同，所以用长乘宽来计算……只有极少数学生会从面积单位个数与长、宽关系的角度思考面积公式的意义（如图101所示）。由此可见，大部分学生对于为什么可以用长乘宽来计算长方形的面积是不清楚的，且对公式意义的理解是不到位的。

---

① 人民教育出版社,课程教材研究所,小学数学课程教材研究开发中心.义务教育教科书教师教学用书 数学 三年级 下册[M].北京:人民教育出版社,2014:137,147.

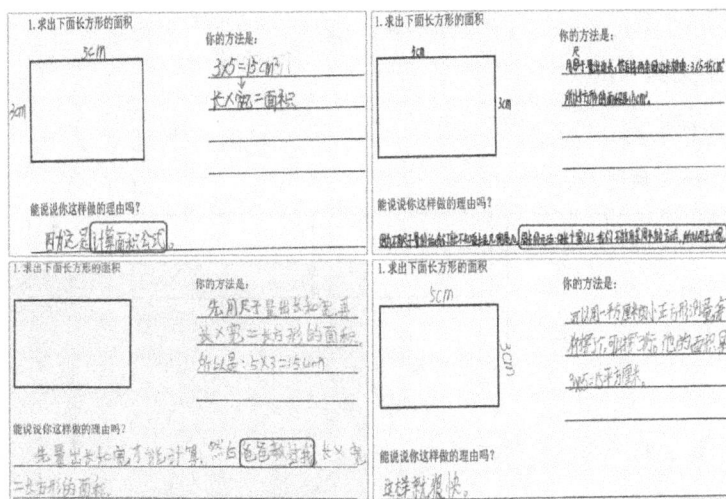

图 101

由于学生的差异，课堂上我们既不能按照当作学生不知道面积计算公式、不理解公式的意义来教学，也不能按照当作学生都知道来设计教学，任何一种统一教学的方式都不利于激发全部学生的学习积极性，都不能将面向全体落到实处。那么，我该如何尊重学生的起点与差异，让每一位孩子在数学课堂上积极参与并有新的收获呢？思考之后我拟定了以下教学设计方案。

（三）设计实践

◆教学目标：

（1）通过画一画、量一量等操作活动，让学生自主探索、掌握长方形面积的计算方法。

（2）经历长方形面积计算方法的探究过程，理解长方形面积计算公式的意义，发展学生的空间观念。

（3）沟通长方形面积计算与实际生活的关系，培养学生的问题解决能力，初步感受数学与生活的密切联系。

◆教学过程:

(一) 新课导入

1. 课件出示三个长方形。

材料一 (如图 102 所示):

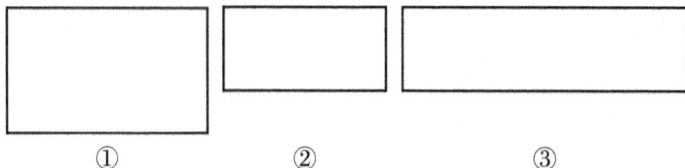

图 102

认一认、指一指这些长方形的面积。

2. 揭示课题。

(二) 新课展开

1. 任务驱动, 探索长方形的面积计算方法。

(1) 师: 长方形的面积可以怎么求?

(2) 明确任务: 自主探索求出图 102 中三个长方形的面积 (提供材料一)。

要求: 试一试——求出三个长方形的面积; 想一想——你的方法对吗, 为什么; 理一理——准备有条理地汇报你的想法与做法。

(3) 学生自主研究。

教师巡视并向有困难的部分学生提供材料二 (如图 103 所示), 并进行个别指导。

材料二: 每个小正方形的边长是 1 厘米, 面积是 1 平方厘米。

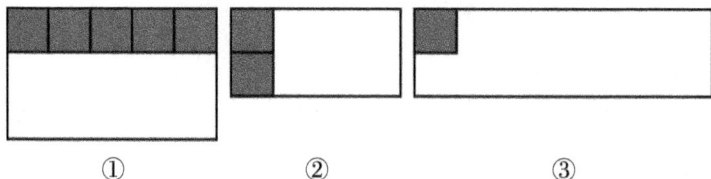

图 103

（4）集体交流面积计算方法。

先请学生汇报每个长方形的面积，然后逐个交流方法。

▶反馈材料二画格子的方法

说一说材料二与材料一有什么不同。

预设：材料二中①号长方形已经画好了一行，一行有5个1平方厘米的正方形。

再请学生介绍自己是怎么想的，又是怎么得出长方形面积的。

预设：

材料二中①号长方形第一行有5个1平方厘米的正方形，第二行、第三行也各有5个，这样一共有15个1平方厘米的正方形，面积就是15平方厘米。（板书：15平方厘米）

材料二中②号长方形1列有2个1平方厘米的正方形，有这样的4列，共有8个1平方厘米的正方形，面积就是8平方厘米。（板书：8平方厘米）

材料二中③号长方形第一行一共可以画7个1平方厘米的正方形，共2行，所以一共是14个1平方厘米的正方形，面积就是14平方厘米。（板书：14平方厘米）

师小结：可以用画1平方厘米小正方形的方法，先看一行可以画几个，再看能画这样的几行，这样就能数出一共画了多少个1平方厘米的正方形，也就知道了这个长方形的面积。

▶反馈材料一直接画方格的方法

师：说一说你是怎么画的。

预设1：先量出长是多少厘米，再量出宽是多少厘米。长5厘米就说明一行能画5个边长是1厘米的正方形，宽3厘米就表示能画这样的3行，3乘5所以是15平方厘米。（5还可以表示沿着长边共摆5列，3表示一列可以摆3个1平方厘米的正方形，有这样的5个3，得到面积是15平方厘米。）

181

预设2：出示材料一画错的材料——边长不是1厘米的正方形。组织全班讨论并纠正。

师小结：尽管材料一没有任何提示，但是同学们自己画上了面积单位，用它解决了问题。

▶反馈"长乘宽"的计算方法

师：说一说为什么"长乘宽"就是长方形的面积了，长与宽分别表示什么。

沟通长方形的长、宽与每行面积单位个数、行数之间的关系，得出长方形的面积计算公式。（板书：长方形的面积＝长×宽）

2. 小结梳理，理解长方形面积计算方法。

播放微视频，进一步理解长方形所含面积单位的个数就等于长方形长与宽的乘积。利用长方形与正方形之间的关系，推理得出正方形面积计算公式。（板书：正方形的面积＝边长×边长）

3. 实践应用，巩固长方形面积计算方法。

练习：在方格图上任意画一个长方形和正方形，先算一算每个图形的面积，再数一数包含了几个1平方厘米的小正方形。

（三）拓展练习

应用长方形的面积知识解决生活实际问题。

经历先读教材再读学生，而后进行教学设计、课堂实践的过程后，我心中豁然开朗。面对学生的差异，教师准确把握起点，精心设计，可以充分激活学生的思维，让学生在课堂上学有所获。

💡 课之"获"

(一) 精准：把握学情，顺学而导

实践证明：精准把握学情能为教学的有效推进奠定基础。从本课的前测中，我了解到学生对长方形面积计算方法的掌握情况存在差异，有的已经知道长方形面积计算公式，有的会用摆面积单位的方法求出长方形的面积，但也有的没有办法得出长方形的面积。知道长方形面积计算公式的学生分两类：第一类学生占了大多数，主要是不知道公式的意义；第二类学生会联系面积单位个数与长、宽的关系思考面积计算公式的意义，但这样的学生是极少数的。面对学生的真实起点，在教学中如果"堵着"不让学生说，一定会让课堂变得索然无味。我们需要考虑如何尊重学生的差异，通过有效的任务驱动让每个学生都积极地投入课堂学习中。

因此，在新课展开部分我先出示三个长方形，请学生分别求一求它们的面积，然后提问"长方形的面积可以怎么求？"激发学生的探究热情。课堂上学生争先恐后地举手回答。

生1：用长乘宽就可以求出面积。

生2：用1平方厘米的面积单位一个个摆，就可以知道面积了。

生3：把四条边量出来就可以知道面积了。

生4：沿着长、宽摆一行、一列小正方形就能知道面积了。

……

可见，教师适时、适度的问题可以营造出良好的课堂研讨氛围。随后，我出示了学习任务：让学生自己想办法分别求出它们的面积（如图104所示）。

这一学习任务策略开放，学生可以从不同角度思考，运用多种方式解决问题，这给了不同起点的学生充分展示自己想法的机会，既尊重了学生的基础，

又关注了学生的差异，为推动课堂学习真实地发生做好准备。由此可见，学生由于知识基础、生活经验不同，对新知识的前期储备必定存在差异，教师通过前期调研了解学生的起点，精准把握学生的差异，顺学而导，能充分调动学生参与的主动性与积极性。

（二）精心：量身定制，导之有道

在精准把握学生差异的基础上，教师需要精心设计，促进学生积极主动地融入相应的学习活动中，达成学习目标。如在本课新课展开部分，我布置了请学生尝试求出长方形面积的任务。而根据前测我已了解到个别学生对长方形的面积计算方法一无所知，针对这样的情况，我提前设计好了第二份学习材料（如图105所示）。

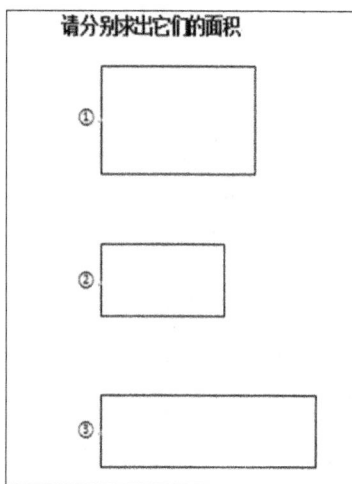

图 104

这份材料与之前的学习任务（如图104所示）相比多了一些提示，在三个长方形中分别标出了一行、一列以及一个小正方形，能给无从下手的学生以启示。教师在巡回指导时告诉学生，如果完成任务有困难可以寻求帮助。当学生举手示意时，教师及时指导并同时将材料二提供给学生。在课堂教学

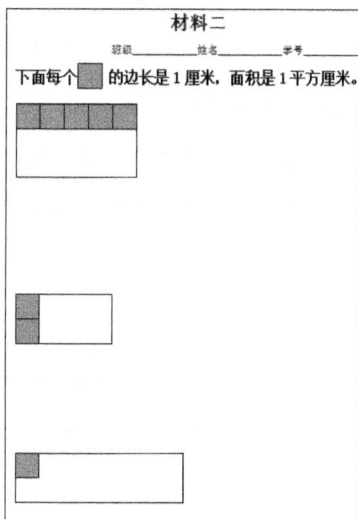

图 105

中，我发现遇到困难的学生拿到材料二之后感到既意外又惊喜，他们在看了小提示后找到了思路，问题便迎刃而解了。材料二其实是教师为学习有困难的学生量身定制的，没有统一发给学生，而是按需提供。实践证明，这样的材料能

帮助学生更有效地学习，深受学生的欢迎。由此可见，针对学生的差异，设计不同的学习材料，充分尊重学生的起点，能让课堂更加开放、让学习更加有效。

又如，在拓展练习部分我设计了这样一组材料（如图106所示）：第一题是计算长方形的面积，让学生猜一猜这可能是生活中的什么物品，然后揭示是一张A4纸。此题用于巩固长方形面积计算方法，进一步沟通数学与生活的关系。随后我添加条件，将其改编为两道题：①把这张纸剪成边长是1厘米的小正方形，最多可以剪几个？②把这张纸剪成边长是3厘米的小正方形，最多可以剪几个？学生可以根据自身学习情况选择题目回答，在举一反三中，进一步理解长方形面积计算公式的意义。最后，我围绕这张A4纸提出"如果从这张纸上剪下一个最大的正方形，这个正方形的面积是多少?"，沟通长方形与正方形间的关系，提高学生用长方形、正方形面积公式解决实际问题的能力，丰富学生的感性经验。这组练习不断变化，既有层次，又给学生一定的选择自由，让不同基础的学生通过练习进一步加深了对长方形面积计算方法的理解，引领学生的思考逐步走向深刻。

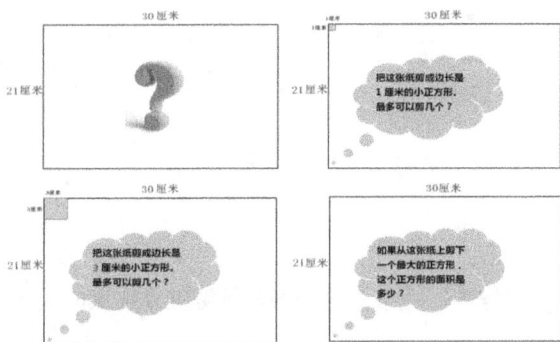

图106

（三）精彩：动静结合，因材施教

为了让每一位学生主动投入学习过程中并学有所获，教师除了根据学情精心设计学习材料外，还应针对实际情况选取合适的学习方式。认真听讲、独立思考、自主探索、合作交流都是学习数学的重要方式。根据实际内容，让学生在课堂上动手做一做、相互说一说、认真听一听，能启迪学生的智慧，让不同层次的学生在生动活泼的、主动的、富有个性的学习过程中学会学习、有所进步。

实践证明：让学生带着任务自主探索是一种有效的学习方式。在本节课中，我通过一个大任务设计（即求出三个长方形的面积，请学生自己动手做一做，想一想办法）营造了良好的探究氛围。学生有的通过摆面积单位的方式求出面积，有的用画格子、数一数的方法得到面积，有的直接用公式计算，还有的既能通过公式计算又能画上面积单位加以证明（如图107所示）。当然，有的学生在百思不得其解后用教师提供的材料二解决了问题……由此可见，让学生自主探索，亲历过程，给每个孩子展示自我的机会，能进一步激发学生的潜能，让数学学习真实地发生。

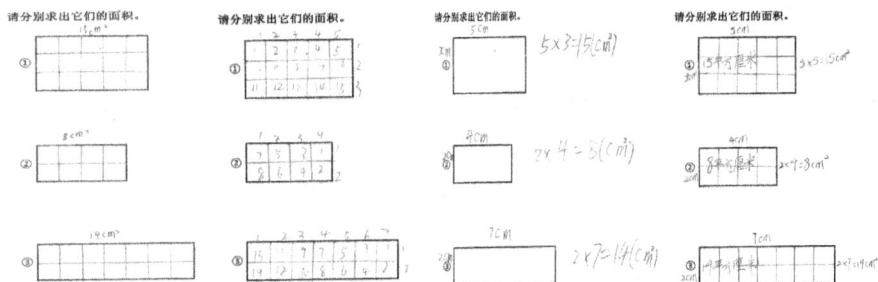

图107

在课堂的探索过程中，当学生遇到困难无法独立解决时，同伴合作、相互交流便是一种很好的学习方式。在本节课中，我设计了两次合作活动。第一次是课程开始时，请学生自己想办法求出长方形的面积，并明确如果遇到困难可以向同伴求助，一起寻找解决问题的办法。从课堂实际教学效果看，当学生一筹莫展时，合作就非常有必要。第二次活动是在学生得到长方形的面积计算公式之后进行的，对于"为什么'长乘宽'就是长方形的面积"这个问题，学生的理解存在差异。于是，我请学生相互交流想法，分享经验。实践证明：这样的合作是真正有意义的、有价值的，对学生的"学"起到推动作用。

　　课堂上除了学生的自主探索、同伴的交流合作之外，针对每节课的重难点，教师适时的引导、点拨也非常重要。对学生来说，认真听讲也是一种重要的学习方式。在学生通过自主探索求出长方形的面积、交流讨论"为什么'长乘宽'就是长方形的面积"之后，我通过一个微视频，将这节课的研究历程进行了简单的回顾，对长方形面积计算公式的形成过程进行了梳理，沟通了摆面积单位的方法与公式计算法之间的联系，通过长方形与正方形间的转化，让学生自然理解并得到了正方形的面积计算方法，有效进行了沟通。短短两分半钟的微视频讲解，因为基于学生的年龄特点与认知实际而产生了非常好的教学效果，学生听得认真、学得投入，此外，动静结合的学习方式也让不同起点的学生都有新的收获。

　　面对学生的差异，教师既需要精准把握学情，顺学而导，也需要精心设计，为不同层次的学生量身定制学习材料，让学生各取所需，学有所获；同时还需要选择适合的教学方式，因材施教，导之有道，让不同的学生获得不同的发展，让数学课堂因学生思维的激活而变得真正精彩！

　　——部分内容原载于《小学教学研究》2019年第31期第7页至10页《营造环境：让数学学习真正发生》（江萍）

怎样让有意义的数学课变得有意思？

——以"用推理解决问题"一课为例

数学是研究数量关系与空间形式的科学。《义务教育数学课程标准（2022年版）》指出，数学素养是现代社会每一个公民应当具备的基本素养。数学教育承载着落实立德树人根本任务、实施素质教育的功能。[①]因此，数学学习的意义不言而喻。作为数学教师，如果我们能够依托"有意思"的教学设计让学生收获"有意义"的数学知识，相信这一定能带给学生美好而又难忘的学习体验。下面，我以人教版数学二年级下册（2013年版）"用推理解决问题"一课为例，谈谈具体的实践与思考。

▱ 课前思考：有意义的学习内容

本课的学习内容是教材第110页例2，让学生利用推理解决在方格内填数的问题，感受推理的作用，培养学生解决问题、有序思考的能力。在学习本课之前，学生已经学习了例1，即通过猜书的游戏活动，体验推理的过程，理解推理的含义，初步获得了一些简单的推理经验。

[①]中华人民共和国教育部.义务教育数学课程标准(2022年版)[M].北京:北京师范大学出版社,2022.

推理是数学的基本思维方式，也是人们在学习和生活中经常使用的思维方式。人教版教材从一年级就开始渗透、应用数学的推理思想，如一年级下册的"找规律"，后续学习中也将它与数学四个领域内容的学习有机地结合起来，不断渗透和应用。二年级教材则专门设置"推理"单元，把数学的推理思想通过结合日常生活中简单的事例以及游戏的形式呈现出来，并运用观察、猜测等直观手段解决问题，使学生初步了解数学的推理思想，感受数学思想的奇妙与作用，受到数学思维训练，逐步形成有序、全面地思考问题的意识。[①]对于这一非常有意义的学习内容，我们应该如何进行教学设计呢？

思考一：学的起点在哪里？

通过教材分析，我已经厘清知识的脉络，了解了逻辑起点。那么，学生的现实起点在哪里？对于这样一个填数问题，学生在课前究竟会不会做？有多少学生没有学就会做？他们是用什么方法得出答案的？基于这些问题，我设计了一个课前调查（如图108所示），并随机选取二年级一个班的学生进行了前测。

学习单

在下面的方格中，每行、每列都有 1~4 这四个数，每个数在每行、每列都只出现一次。请你把表格填写完整。

3	2		
			2
		3	
1			

图 108

---

①人民教育出版社，课程教材研究所，小学数学课程教材研究开发中心.义务教育教科书教师教学用书 数学 二年级 下册[M].北京:人民教育出版社,2013.

调查结果显示：全班42名学生中，有35名学生填写正确，正确率约达83.3%；有7名学生填写错误，其中2名学生没有填写完整，5名学生没有细读填写要求以至于某行或某列有相同的数重复出现。可见，按要求把表格中的数填写完整对学生而言难度并不大。但是仔细分析填写正确的表格，我发现约17.4%的表格中橡皮擦痕明显，这是否说明这些学生在填写过程中用"猜"的方法凑出了答案？带着这个问题我做了个别访谈，不出所料，他们的答案的确是凑出来的。有学生告诉我："一共就4个数，一个不行擦掉再换一个，如果还是不行再擦再换……"表格里的擦痕与最后的正确答案就这样一起诞生了。因此，只看结果并不能真实地了解学生的起点，学生用什么样的方法填数应成为我们关注的重点。

思考二：学的难点在哪里？

学生在学习中遇到的问题与困难是他们进一步学习的障碍与阻力，教师如果能尽早发现，对学生的学习将会有很大的帮助。仔细分析第一份课前调查中擦擦改改的情况，究其原因是学生不会有序思考、不知道填数从哪一格入手。为了清楚地了解学生在填数时的困难，我设计了第二份课前调查（如图109所示），其中的表格数据并没有变，但要求变了。

学习单

在下面的方格中，每行、每列都有1~4这四个数，每个数在每行、每列都只出现一次。想一想，应该先从哪一格开始填，请你把这一格里面的数填好。

3	2		
			2
		3	
	1		

说说你这样填写的理由＿＿＿＿＿＿＿＿＿＿＿＿＿＿＿＿＿＿

＿＿＿＿＿＿＿＿＿＿＿＿＿＿＿＿＿＿＿＿＿＿＿＿＿＿

＿＿＿＿＿＿＿＿＿＿＿＿＿＿＿＿＿＿＿＿＿＿＿＿＿＿

图109

正是这一份课前调查让我发现了问题所在。调查结果显示，关于填数可以从哪一格入手，学生给出的答案主要有四种，分别以A、B、C、D表示（如图110所示）。选择从A处入手并且答案填写正确的约占16.7%，近30%的学生选择了从B处入手，其中多数学生在B处填了"1"，且写的理由让人忍俊不禁："一般情况下都应该从第一行入手""从上往下、从左往右填比较合适，所以从B处入手填"。调查中我还发现：在第一次前测中整张表格填写不完整或错误的学生，这一次仍全部填错。我随机访谈了几位学生，请他们说说为什么要先填这一格，接下去应该怎么填，而能回答得比较到位的学生少之又少，有的学生尽管答案是对的，但却说不清推理过程，这清晰地反映了学生的困惑点。

3	2	B	
A		C	2
D		3	
1			

图110

思考三：学的要点在哪里？

研读并梳理教材，分析学生的前测、访谈结果之后，我也明确了应该从哪里入手，从而顺着学生的起点、疑点展开教学。由于整张表格的填写不能反映学生的学习水平，学生的疑点在于怎样找到填数的突破口、怎样清晰地表达推理过程，我把本节课的学习目标定位如下：

（1）通过观察、猜测等活动经历简单的推理过程，获得一些简单推理的经验，初步掌握推理方法。

（2）通过表格中的数字推理，初步培养观察、分析、推理能力以及有条理地阐述推理过程的数学表达能力。

（3）感受推理的广泛应用，初步培养有序、全面地思考问题的意识，激发对数学学习的兴趣。

🔍 教学实践：有意思的教学设计

1. 游戏导入。

出示四张数字卡片 1 2 3 4，请学生分别读一读上面的数。

师：今天这节课，我们就用这几张数字卡片一起来玩"填数游戏"。（板书，揭示课题）

比眼力游戏：出示图111，明确游戏规则。

把1、2、3、4填入小方格，每个数只出现一次哦。

1		3	4
3		1	2
2		4	1
	1	2	3

图111

观察填写完成的表格，说说发现。揭示：每一行、每一列都有1、2、3、4这四个数。

【设计意图】以学生喜闻乐见的游戏方式导入，激发其探究兴趣。通过简单的方格填数，让学生理解行、列的基本意义，感悟游戏规则的重要性，为学生理解后续的游戏规则打下基础。

2. 新课展开。

（1）任务一：填数游戏1——从哪一格入手。

出示任务一（如图112所示）：在方格中，每行、每列都有1～4这四个数，每个数在每行、每列都只出现一次。思考：从哪一格入手填比较方便？

图 112

展示课前调查结果（如图113所示，将学生先填写的数分别用A、B、C、D表示），组织学生先独立思考，然后交流自己的想法。

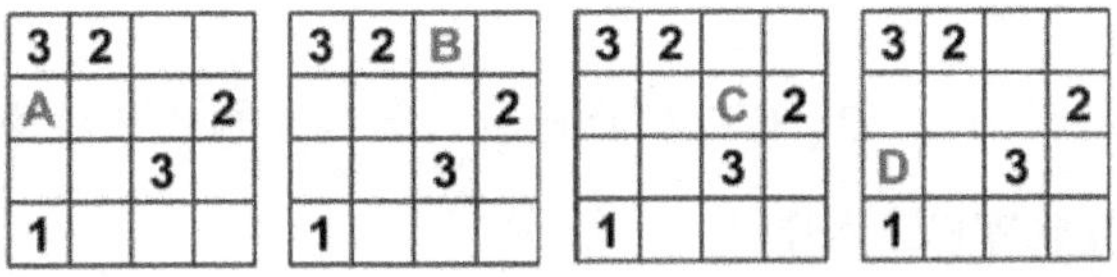

图 113

【设计意图】从展示课前调查结果入手，让学生充分交流想法、说清思路，便于教师在充分了解学生的基础上展开教学，帮助学生明晰推理步骤，初步掌握运用排除法进行推理。

（2）任务二：填数游戏2——完成整张表格的填写。

出示任务二（如图114左所示）：在方格中，每行、每列都有1～4这四个数，每个数在每行、每列都只出现一次。请学生动手试一试，并思考：从哪一格入手填比较方便？

根据学生给出的答案，出示A、B、C（如图114右所示），讨论：到底先填哪一格方便？

图114

在学生讨论得出A、B、C都可以先填时，归纳并思考：为什么都可以先填？

引导得出：因为A、B、C所在的行、列加起来都已经排除了三个不同的数，确定答案后就可以先入手。

请学生尝试先将表格填写完整，再交流自己的填法与思考过程。

小结：既对又快地填数，有什么诀窍？

【设计意图】任务二让学生独立运用排除法解决从哪里入手的问题，这既是任务一之后安排的尝试练习，又让学生对填数游戏有了新的认识。A、B、C都可以先填的结论，破除了学生的思维定式，为归纳运用简单推理解决问题提供了多样化的材料。将表格中的数填写完整这一后续任务，为学生自主运用排除法有序填数、有条理地阐述自己的推理过程提供了空间。

（3）任务三：翻牌游戏。

出示任务三（如图115左所示）：每行、每列都有1～4这四个数，每个数在每行、每列都只出现一次。现在已经知道2、1这两张牌，能判断"？"是几吗？如果想知道"？"是几，你认为应该翻哪张牌？

教师试着翻出一张牌"3"（如图115右所示），请学生说一说现在能不能判断以及为什么。打乱牌，继续翻出这一行的"3"，再

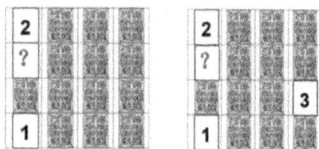

图115

194

让学生说一说能不能判断以及为什么。

继续翻牌游戏。

【设计意图】通过翻牌游戏的设计,激发学生的研究热情,让学生切实参与到活动中,体验用已知条件推出结论进而解决问题的过程,以此体会逻辑推理的含义,进一步培养学生运用简单推理解决问题的能力以及语言表达力。

3. 拓展延伸。

课件展示图116,讨论推理在数学以及生活中的应用。

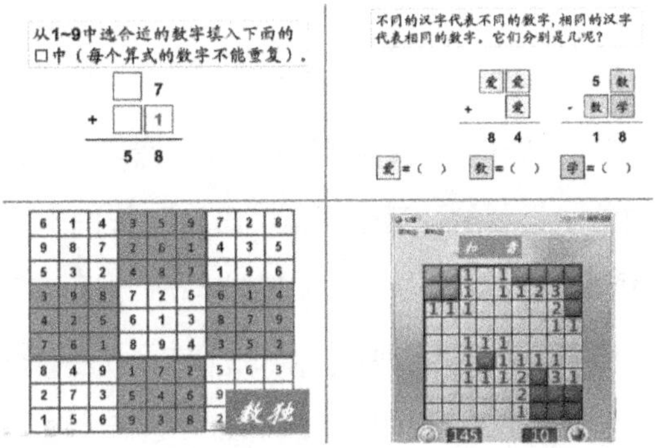

图116

任务四:自主设计填数游戏。

【设计意图】通过联系以前学过的在方框里填数以及数独、扫雷游戏等,让学生感受推理在学习、生活中的广泛应用,进一步激发学生数学学习的兴趣。任务四让学生自主设计填数游戏,激活了学生的思维,培养了其灵活运用知识解决问题的能力。

💡 教后再思:有启发的课后访谈

整节课以"任务驱动+数学游戏"的方式,引领学生主动投入有意义且有意思的数学学习中。在课堂总结时,一位学生的发言给我留下了深刻印象,我至今难忘。他说："这节课太有意思了，我掌握了一个填数诀窍，就是只要找到'起因'，后面就可以'打连炮'（意即找到从哪里入手，后面的问题就全部迎刃而解）了。"课后，我请每一位学生写出自己的感受，大家几乎都用"有意思""有趣""特别有收获"来形容这节课，并希望下次有机会还能上这样的课。细细回味这节课，我不禁思考：怎样可以让数学课堂既有意义又有意思呢？

一、因为"用"起来，所以有意思

因为"用"起来，所以有意思——这是学生在访谈中给我的答案。回顾这节课，我把前测结果A、B、C、D四种情况全部在课堂上进行了展示，让学生既看到了自己的做法，又看到了其他同伴的做法，既说出了自己这样做的理由，又听到了其他同伴的填数理由，学习在这样一个相互交流的过程中便悄悄地发生了。课后，学生告诉我："感觉这节课的时间过得特别快，因为看看自己的作业，听听同学的想法，老师没怎么讲话，这节课就结束了。"这说明，如果能在课堂上尽可能多地展示学生的作业与想法，把学生的材料充分利用起来，一定会让学生的学习兴趣倍增。事实上，在日常教学中，我们经常可以看到教师做课前调查，但真的把前测结果全部展示在课堂上的并不多，对每一种情况都进行分析、研究的就更少了，教师总会把自己认为重要的、有难度的内容进行重点讲解或讨论，殊不知这样做并不会给学生留下太多印象。只有真正基于学生的立场，才能让课堂教学激活学生的思维。

二、因为"快"起来，所以有意思

在课后访谈中，学生说："原以为填数答案只是凑出来的，没想到是有方法的，用上老师讲的'先入手'（排除法），填数时就可以不用橡皮擦擦改改，快多了。"或许正是因为这样的学习感受，所以学生觉得这堂数学课很有意思、很有收获。作为一名小学数学教师，我们应该经常去思考这些问题：这一堂数学课能给学生带来什么？学生上这节课与不上这节课究竟有没有区别？我们要关注课堂实效，而课堂实效的聚焦点应该在学生。如果学生弄清了课前不懂的知识，掌握了课前不知道的方法，那么这节课对学生来说就是有收获的一课。而要让学生学有所获，就必须清楚学生的起点在哪里，学生的困惑点在哪里。教师在课前对这些问题都应了如指掌，再加上深入的教材研读、精巧的教学设计，才能让教学真正走心，让数学课变得有意思起来。

三、因为"联"起来，所以有意思

在本节课中，我将学生一年级学过的在方框中填数、填竖式中的未知数都联系在一起，原因是什么？其实是为了让学生感悟数学知识不是孤立的，它们之间是有联系的，知识相通、方法相同。无论是在表格中填数、在方框中填数，还是在竖式中填数，都需要先了解规则，然后有序思考，用推理的方法解决问题。此外，教师还在课程中展示并介绍了数独，提到了扫雷游戏中也需要用到推理。这些内容的拓展，将数学与生活巧妙联系在一起。这些看似不太相关的内容，都可以用"推理"两字联系在一起，让学生充分感受到数学知识的有趣和有用，进一步增强学生学习的积极性与主动性。有一位学生在访谈中说："没想到数字这么神奇，一张表格、几个数就能变出这么多有趣的题；没想到推理这么有用，这么多地方都要用到它，就连玩游戏时也会用。"相信学生有了这样感悟的同时，也一定拥有了学好数学的动力。

四、因为"玩"起来，所以有意思

爱玩是孩子的天性，本课用"游戏"两字作为课题，设计了有层次的趣味游戏，深深吸引了二年级的学生。填数游戏只需1张表格、4个数字，规则简洁清晰，利于二年级学生理解并投入其中"玩"起来、"嗨"起来。从第一个任务的"从A处入手比较好",到第二个任务的"从A、B、C入手都可以",再到学生自己完整填表,最后学生自己设计一个填数游戏,挑战难度逐步增加,层次分明,学生乐此不疲。当第三个任务翻牌游戏出现时,课堂氛围推向了高潮,学生看到扑克牌时激动的场景至今还留在我的脑海中,学生的学习热情超出了我的想象。可见,基于学生的年龄特点,设计有趣、有用、有挑战性的学习任务,才会真正吸引学生,让学生自然而然地投入,习得知识、发展能力。

基于学生立场,让每一节有意义的数学课变得有意思,我们的思考与研究还将继续……

——部分内容原载于《小学数学教师》2021年第4期第36页至41页《让"有意义"的数学课变得"有意思"》(江萍)

结　语

　　《义务教育数学课程标准（2022年版）》（以下简称"课标2022年版"）
中指出：学生的学习应是一个主动的过程，认真听讲、独立思考、动手实践、
自主探索、合作交流等是学习数学的重要方式。[①]如何在课堂教学中选取适合
的方式，让学生充分经历学习的过程，理解并掌握基本的数学知识与技能，体
会并运用数学思想与方法，获得基本的数学活动经验是我们在教学中需要不断
思考的问题。

一、在自主探索中习得方法

　　数学教育家波利亚说过：学习任何知识的最佳途径是自己去发现，因为这
种发现理解最深刻，也最容易掌握其中的规律、性质和联系。这就需要教师精
心设计学习任务，适时引导，营造良好的探究氛围，从而充分激发学生的探究
兴趣，让学生积极主动地投入学习中，去探索、发现。

　　探索有动力。探索的动力源于学习任务本身，我们可以基于学生的年龄特
点，设计与现实生活紧密相联的任务。例如在"我的课堂教学故事之十七"
中，教师设计了礼盒问题、跑步问题、游泳问题、整理相册等学生熟悉的生活

---

① 中华人民共和国教育部.义务教育数学课程标准(2022年版)[M].北京:北京师范大学出版社,2022.

问题，既让学生感受到数学在现实生活中有着广泛的应用，使学生产生亲切感，又激发了学生的探究兴趣。同时，教师还应基于教学内容，让学习任务具有挑战性，引发学生积极地进行数学思考。以"我的课堂教学故事之十八"为例，怎样的任务对学生来说具有挑战性呢？回答这个问题就需要教师充分了解学生，把握学生的现实起点，清楚学生已经知道了什么、学生困惑的是什么。在通过前期的调查充分了解学生之后，我设计了以"认识0.1"为核心任务，将价格、长度、质量等知识都融入其中进行教学的思路。通过让学生自己来表示0.1元、0.1米、0.1吨以及0.1，充分激发学生的探究热情，让学生在自主探索中逐步理解小数的意义。

探索有方法。为了让学生的自主探索真正有效，教师还应适时引导。以"我的课堂教学故事之十八"为例，在学生自主探索认识小数的过程中，我根据实际情况设计了研究单，为学生有效开展探究活动提供了支撑。如认识0.1元时，请学生把思考过程完整地记录下来，说一说为什么可以这样记录，并用简单的图画一画，说明其中的道理，让学生不仅要关注结果，更要学会深入思考，真正理解其意义。在研究0.1米时，我请学生通过想一想、画一画、写一写的方式，尝试在条状图上表示出0.1米（如图117所示）。研究单上既提供了图形材料，又有方法提示，为学生自主探索、理解0.1米的意义指明了方向。由此可见，在学生自主探索的过程中，教师根据学情设计研究单，能让探究的目标更明确、路径更清晰，为学生有效开展自主探究活动提供了保障。

请你把思考过程完整地记录下来。
0.1元我会写成（　）角，我还会写成（　）元。

说一说：为什么可以这样记录

画一画：用简单的图说明其中的道理

我会研究

1米

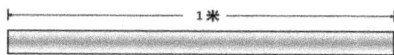

一张书签　长0.1米　（？）分米

想一想
画一画
写一写

图117

探索有空间。"课标2022年版"中指出：教学活动应注重启发式，激发学生学习兴趣，引发学生积极思考，鼓励学生质疑问难，引导学生在真实情境中发现问题和提出问题，利用观察、猜测、实验、计算、推理、验证、数据分析、直观想象等方法分析问题和解决问题。[①]这就需要教师为学生充分经历学习的过程创造条件。在教学设计时，教师一方面应合理安排学生自主探究的时间，设计有探索空间的任务，另一方面还要注重营造良好的探究氛围，激发学生参与探究的积极性。在"我的课堂教学故事之十八"中，在课开始时我就设计了请学生任意写一个小数的学习任务，充分发挥了学生的主体性，从课堂实践的效果看，学生参与的热情高涨，写出的小数具有代表性，为小数读写教学提供了丰富的素材。在认识了带有具体单位的0.1后，我设计了去掉单位，请学生在正方形中表示出0.1以及其他小数的探究任务，给学生提供了充分展示自己想法的空间。在课的练习部分，我又设计了任意圈一圈人民币并用相应的小数表示的开放性练习，鼓励学生进行多样化的表达，为学生积极主动地投入学习活动中创设了良好的条件。

二、在动手实践中加深体验

苏霍姆林斯基曾说过：儿童的智慧在他的手指尖上。数学是做出来的，学生只有经历知识的发现过程，才能真正理解。课堂实践证明：根据小学生的认知特点及教学内容实际，精心设计课堂动手实践活动，引领学生积极参与、体验数学知识的发生发展过程，能进一步提升学生学习的主动性与有效性。

动手实践有"温度"。真实的、有趣的、与生活实际相联系的实践活动能激发学生的探究欲望、促进数学任务的完成。如在计量单位的教学中，教师通常会设计请学生在课堂上体验1千克、1克有多重，感受1分、1秒时间有多

---

① 中华人民共和国教育部.义务教育数学课程标准(2022年版)[M].北京:北京师范大学出版社,2022.

长，感知1米、1分米、1厘米、1毫米的实际长度等活动，加深学生对计量单位的认识，把抽象的数学概念形象化，为目标的有效达成奠定基础。以"我的课堂教学故事之十五"为例，作为大计量单位的"吨"，虽然在日常生活中有着广泛的用途，但一般只有在测量比较重的物体时才用得上，因此学生接触得并不多。从试教时学生举例一台电视机、一座高山的质量等都有可能是1吨的回答中，我们就能发现学生对于1吨的认识甚少，需要在课堂中通过实践活动具体感知、积累经验，从而建立关于1吨的质量观念。因此，我设计了让学生亲身感受10千克大米有多重的实践活动，通过先让学生猜一猜这袋大米有多重，再分小组让学生感受10千克大米的实际质量，最后借助课件推理1吨里面有100个10千克，让学生建立关于1吨的观念。从课堂教学效果来看，选择学生熟悉的事物进行操作体验，既充分激发了学生的探究热情，又让学生对质量单位有了真切的感受，让动手实践活动有了探究的"温度"。

动手实践有"宽度"。 预留思维发展空间，让动手实践活动有思考的"宽度"，能充分地激活学生的思维，提升活动成效。以"我的课堂教学故事之十六"为例，通过设计"把这个图形剪一刀，会剩几个角"这一个答案开放的操作活动，为学生多角度思考问题提供了空间，从学生"3个角""4个角""5个角""1个角"的回答中，我们能够充分感受到学生浓厚的探究兴趣。多样化的剪法丰富了学生的体验，加深了学生对角的认识，让数学课堂更加真实精彩。心理学实验证明，思维往往是从动作开始的，切断活动与思维的联系，思维就不能得到发展。在教学中设计操作活动能有效促进学生思维能力的发展。而设计策略多样、答案多元的操作活动，对培养学生思维的灵活性、创造性都有积极的推动作用。

动手实践有"深度"。 组织学生操作实验、观察现象、提出猜想、推理论证，都能有效地启发学生的思考，使学生成为学习的主体，逐步学会学习。在"我的课堂教学故事之十六"中，"'剪'错位"的实践告诉我们活动内容设计很重要，而"'剪'不到位"的经历告诉我们活动的顺序将直接影响教学效果，"'剪'出课堂精彩"则诠释了带着思考进行操作活动的重要性。在动手剪一剪之前先进行猜想，思考"剪一刀之后可能会剩几个角"，然后再操作，让动手操作的过程与思考的过程充分融合，将直接影响操作的效果，让动手实践更有"深度"。课堂中从不同思考角度得出的剩3个角的操作结论以及剩下1个角、6个角等操作结论，都是源于活动前学生对这个问题的充分思考。相对于直接在动手实践中找到答案、盲目地剪一剪，将操作活动作为验证自己数学猜想的方式，学生思考问题的深度显然是不同的。又如在"我的课堂教学故事之十五"中，学生先猜想一袋大米的质量是多少，然后再去亲身感受，活动后继续猜想班里的"大力士"最多能抱多少袋米，再操作验证，最后推理1吨里面有几袋这样的大米，建立关于1吨的实际质量观念。这样融数学猜想、动手实践于一体的数学活动有效激活了学生的思维，提升了课堂实效。

三、在合作交流中共享智慧

在课堂教学中，学生通过合作交流，不仅可以学习他人有价值的观点与方法，深化自己的思考、提升思维水平，同时还能培养学生良好的合作交往能力。合作交流也是学会学习的重要内容。正如三度普利策奖得主弗里德曼所指出的："到了21世纪，我们大部分人将与他人一同协作，相互提供服务……我们必须意识到，工作的固有尊严来自人与人的关系，而非人与物的关系。我们必须意识到，好的工作就是与他人沟通交流，理解他们的期许与需求……"①

精选内容。教学中并非所有内容都需要以合作交流的方式来解决，对于一些简单的问题，学生只需独立思考后回答即可。而对于那些具有开放性、挑战性的问题，教师可以通过设计合作交流的方式，让学生在各抒己见、相互补充

---

① 托马斯·弗里德曼.谢谢你迟到——以慢制胜，破题未来格局[M].符荆捷，朱映臻，崔艺，译.长沙:湖南科学技术出版社,2018.

中共享智慧、交流共进。如在"我的课堂教学故事之二十"中，在出示第二个填数任务后，我设计了小组讨论的内容，请学生想一想"A、B、C谁先填"（如图118所示）。这个讨论的话题答案多元，充分关注了学生的差异，为学生交流讨论提供了典型材料。

图118

又如在"我的课堂教学故事之十七"用连乘解决问题改进版思路中，我设计了出示一道连乘算式，请学生自己编一编题，并通过先在小组内交流再全班交流的方式，既给了学生充分展示想法的机会，又丰富了例题资源，加深了学生对连乘问题模型的理解，凸显了合作交流的真正意义。

把握时机。在课堂教学中，什么时候进行合作交流合适呢？这需要教师根据学情与课时内容的特点精心设计。合作交流的首要前提是学生有自己的思考，然后带着问题或想法进行交流。如果学生事先没有认真进行过思考，后续的合作交流就是"无源之水，无本之木"，从表面上看热热闹闹的，实际却毫无作用。合作交流，不仅仅要"向外"，即表现为与同学、教师共同完成学习任务，与他人分享自己的想法，还要"向内"，即在"说"与"听"的过程中，促使自己对学习内容的认识经历"原来我是怎样想、怎样做的—还可以这样想、这样做—现在我是这样想的、这样做的"这一过程，让思维从平衡到失衡，再形成新的平衡，从而尝试建构对新学习内容的理解。[①]有了个体的积极思考，合作交流才会有实效。在学生思维活跃、答案多样时，在学生思维受阻、无法独立解决问题时，我们都可以设计合作交流活动，最大程度地满足学生表达、交流的需要，真正达到信息互通、成果共享、互帮互助。

留足时间。在课堂教学中，合作交流目的不明确、匆匆过场、流于形式的现象时有发生。我们都知道，若是交流的时间不充足、讨论不够深入，将直接影响目标的达成。在教学中教师应根据预设目标合理分工、留足时间，确保合作交流有实效。在"我的课堂教学故事之十九"中，在学生得到长方形面积计算公式之后，我设计了"为什么'长乘宽'就是长方形的面积"的问题，并组织学生展开交流讨论。对于这个问题的认识，学生在理解上是存在差异的，学生往往只知道长方形面积计算公式，而不知道其中的道理。通过组织交流活动，让学生结合之前的操作验证进一步反思总结、分享各自的理解，能进一步明晰长方形面积计算公式的意义。为此，教师应在课堂上充分预留时间，确保学生能有效参与到交流活动中。实践证明：留足时间，让合作交流真实、有效地在课堂发生，对于目标的达成起到了积极的推动作用。

四、在静心听讲中领悟要点

课堂上除了学生的自主探索、与同伴的交流合作之外，针对每节课的重难点，教师适时的引导、点拨是非常重要的。对于学生来说，认真听讲也是获取知识、提升能力的重要学习方式。为了让学生的听讲更加有效，教师应精心设计环节、内容，明确讲的目的，丰富讲的形式，找准讲的时机，让学生在认真听讲中有所获。

目标明确。讲授目标明确能增强学生听讲的兴趣，帮助学生更深入地理解

[①]贲友林.让学生在学习中学会学习[J].小学数学教师,2020(4):11-15.

知识、掌握技能、积累经验，从而学会学习。以"我的课堂教学故事之十九"为例，学生通过自主探索求出长方形的面积、交流讨论为什么"长乘宽"就是长方形的面积之后，教师适时进行了梳理讲解，其目标就是沟通摆面积单位的方法与公式计算法之间的联系，通过讲授过程中启发性问题的设计，让学生自然而然地得出正方形面积的计算方法。课堂上学生听得认真、想得积极、学得投入。众所周知，教师的引导作用主要体现在：通过恰当的问题，或者准确、清晰、富有启发性的讲授，引导学生积极思考、求知求真，激发学生的好奇心。由此可见，讲授目标清晰明确是提高听讲效率的基础，讲得到位才能听得有效。

形式多样。课堂上学生可以听教师讲，也可以听同学讲。除了听老师、同学在课堂现场讲之外，学生也可以通过观看课堂上播放的小视频学习、掌握要点。以"我的课堂教学故事之十八"为例，在全课总结部分，当学生提出"是谁发明了小数"这一问题时，我随即播放了课前准备好的微课，介绍了小数的发展史。图文并茂的画面、清晰的讲解让学生听得津津有味，发出"小数的世界不小，小数奥秘无穷"的感叹。同样地，在"我的课堂教学故事之十九"中，我通过制作微课，用动画演示的方式清晰地展示了长方形、正方形面积计算公式的产生过程，收到了非常好的教学效果。由此可见，教师基于学生的年龄特点与教学实际，丰富课堂上的讲授形式，能有效激发学生听讲的积极性，利于教学目标的达成。

时机恰当。提升学生听讲效率还必须选择好讲授时机，在学生自主探索找不到答案、交流合作意见不一致时，或在课堂教学的重点、难点处，教师适时地点拨、讲授，能让学生在认真听讲中进一步领悟要点。以"我的课堂教学故事之二十"为例，在课堂上，教师通过巧妙地引导、适时地小结帮助学生梳理填数方法，可以让学生更快速、准确地进行推理。同样地，在课的尾声部分，我将学生在一、二年级学过的在方框里填数、生活中常见的数独与今天所学的填数游戏联系在一起，通过微视频中的讲解让学生充分领悟到这些填写方法间的共通点，感受推理的价值与实际应用，进一步激发起学生的学习热情。由此可见，在提倡学生自主学习、合作学习的同时，教师适时的引领，既能将学生自主学习与合作交流的成果进行抽象概括，又能把数学知识结构进行补充完善，让学生能够理解数学知识结构，对数学认知结构进行强化，[①]从而进一步提升课堂教学活动的有效性。

米山国藏说："在学校学的数学知识，毕业后若没有什么机会去用，一两年后，很快就忘掉了。然而，不管他们从事什么工作，唯有深深铭刻在心中的数学的精神，数学的思维方法、研究方法、推理方法和看问题的着眼点等，却随时随地发生作用，使他们终身受益。"[②]实践证明，适合的学习方式能进一步帮助学生学会学习，让数学精神、数学思想、研究方法在学生心中留下深深的烙印。学生是学习的主体，教师是学习的组织者、引导者与合作者。好的教学活动是学生主体地位与教师主导作用的和谐统一。以自主探索为主，其他学习方式有效融合，切实落实学生主体地位、有效发挥教师的主导作用，激活学生的思维、提升学生的核心素养，我们还将不断探索、继续前行。

①王永春.小学数学单元整体设计的教学策略[J].小学数学教育,2021(21):4-5.
②米山国藏.数学的精神、思想和方法[M].毛正中,吴素华,译.上海:华东师范大学出版社,2019.

结束语

　　数学是思维的体操。提升学生的思维能力，切实发挥数学在培养人的思维能力方面不可替代的作用是我们数学教师一直追寻的目标。从教26年来，我一直把"激活孩子的思维，让孩子喜欢数学课"作为自己的教学准则，并围绕"小学数学课堂教学需激活学生的思维"这一核心思想进行了专题化、系列化的研究，从学习材料设计、数学问题设计、学习方式设计三个维度提炼出盘活学生经验、激活学生思维的有效策略，逐步形成简洁大气、活泼灵动的课堂教学风格，体现轻负担、高质量的教学特色。

　　这20个数学课堂教学故事真实地发生在我工作的不同时期，有的时间已经久远，有的就在近几年，而这些故事有的发生在公开课的课堂上，有的则发生在随堂上课的过程中。无论何时何地，它们都是我20多年教学生涯中生动的存在，带给我对于构建具有数学思维活力课堂的思考与启示。

一、精巧：思维的激活源于"材料设计"

　　数学课堂上，学生思维的激活源于精巧的材料设计。我们都知道，在以严密性和逻辑性为特征的数学教学中，"教什么"比"怎么教"更为重要。我对于学习材料的深入思考源于一次关于"数的认识"的教研活动，我发现课堂教学中经典材料的简单重复让学生的数学思考不知不觉地变"少"了，新奇材料的频繁出现让学生的思考方向变"偏"了，而多样材料的层层堆积让学生的数学思考变"浅"了，这样的材料设计势必影响课堂教学效果。为此，我尝试着以激活学生的思维为目标，围绕"学习材料的设计与应用"这一课题进行了为期3年的专题研究，努力在课堂中用简洁的材料上有思维深度的数学课。我通过主持杭州市规划课题"小学数学课堂激活学生思维的有效学习材料设计与应用研究"，提炼出"三种渠道获取、三个维度创生、三种方式呈现"的材料设计与实施新思路，让材料设计与应用由平面单一走向多维立体，有效沟通了材料与思维的关系。这一课题研究成果获全国小学数学优秀论文一等奖、浙江省教育科学研究优秀成果二等奖、杭州市教育科研优秀成果一等奖。此外，我以"简化学材，优化课堂"为主题的文章被中国人民大学主办的《小学数学教与学》转载。材料设计的典型课例"1000以内数的认识"荣获华东六省一市第十五届小学数学课堂教学观摩研讨活动一等奖。本书上篇就详细记录了用材料激活学生思维的课堂教学故事，强调材料的多元、多维、多样。

多元。材料获取可以源于对教材的理解内化、对文本的调整重构，也可以源于对课堂生成资源的捕捉与超越。这样多元化的材料获取渠道丰富了材料来源。众所周知，数学教材为学生的数学学习活动提供了学习主题、知识结构和基本线索，是实现数学课程目标、实施数学教学的重要资源。[①]教师从教材中获取学习材料，并根据实际精心设计，创造性地用好教材，通过加工材料不断地调整完善，进一步促进学生的学习。同样，材料从学生中来、从课堂生成资源中获取，能增强教学的有效性，激发学生探索的兴趣，为课堂上学生思维的充分激活提供保障。

多维。材料加工需要从多个维度入手，挖掘深度、拓展宽度、拉伸长度都是行之有效的做法。在数学课堂上，教师为吸引学生的注意力，煞费苦心设计多样材料的现象屡见不鲜。这样的课堂从表面上看是热热闹闹的，但对于数学本质的思考并不深入。因此，我认为课堂学习材料不在于多，而在于精，即需

---

① 中华人民共和国教育部. 义务教育数学课程标准(2022年版)[M]. 北京:北京师范大学出版社,2022.

要教师精心设计。如何把一个材料用到极致，真正做到"材"尽其用，是我们应该去思考与实践的问题。当我们带着这样的问题去深入思考、大胆实践，就一定会发现经过深度打磨的材料能给课堂带来惊喜，能让学生学得更加积极，能让教师充分享受教学的乐趣。

多样。教师可以以静态的、动态的形式将材料呈现给学生，也可以提供实物材料让学生操作体验。无论是哪一种呈现方式，只要是能激发学生主动地投入学习过程中积极思考，促进教学目标有效达成，就值得提倡。教师在选定材料后就应精心设计材料呈现方式。首先，要深入钻研教学内容，明确目标定好方向；其次，应深入了解学生，清晰学生的年龄特点与学习起点，让呈现方式适合学生的"学"；再次，还应深入研究材料，思考怎样的呈现方式适用于这份材料并能将其作用发挥到极致。当然，一节课可以选用一种或多种方式呈现材料，只要利于学生思维的激活、教学目标的达成，就都是可行的。我们不倡导为了吸引学生的眼球而去设计标新立异却偏离目标的材料呈现方式，恰恰相反，简洁明了却直指本质的方式才是我们真正所需要的。

实践证明：丰富材料获取渠道、拓宽材料加工维度、优化材料呈现方式，能让精巧的材料有效激活学生的思维，点亮数学课堂。

二、精致：思维的激活源于"问题设计"

数学课堂上，学生思维的激活源于精致的问题设计。问题是教学的开始，适时有效的数学问题能不断启发学生的思维，激起学生强烈的探索欲望，让学生在积极的思考中提升思维能力。为此，我通过主持浙江省师训重点课题"小学数学课堂激活学生思维的有效问题设计研究"，结合典型课例，从提问来源、提问内容、提问时机等三个维度探索、提炼关于激活学生思维的有效问题的设计与实施策略。从研究中我们发现，基于生本、深刻而又巧妙地"问"能让学生思考得更深入、学得更有成效。"问"在知识联结处、"问"在核心要点处、"问"在疑难困惑处、"问"在思维发散处都是我们在不断实践中发现的有效做法。课堂上类似"10000元钱与10000张纸一样厚吗?""你还想知道关于人民币的哪些知识?""小棒可以搭出圆吗?"这样的提问往往能有效引领学生深入地进行思考,让课堂迸发出思维的火花,同时也给我们教师带来关于问题设计的新思路与新方法。通过研究,"小问题 大智慧"等课题研究成果荣获中国教育学会优秀论文一等奖。以课堂中的一个提问"10000元钱与10000张纸一样厚吗?"为题撰写的文章在《小学数学教师》杂志上发表。除此之外,教学中问题设计的有效实施还需要教师智慧地理答与引领。为此,继"小学数学课堂激活学生思维的有效问题设计研究"这一课题之后,我又申报了杭州市师训重点课题"小学数学课堂激活学生思维的有效对话策略研究"并成功立项,在实践中提炼出课堂有效对话的三大策略,相关研究成果获中国教育学会优秀论文二等奖。在本书中篇,我梳理记录了用问题激活学生思维的课堂教学故事,强调问题设计的生本、深刻、巧妙,与大家共同探讨。

生本。问题的设计需要以生为本,教师可以从教材中选取问题,可以根据课时教学内容精心设计问题,可以从学生的课前调查中确定问题,还可以从课堂生成中捕捉需要跟进研究的问题。但无论问题从何处来,以生为本是根本。实践证明:若问题源于学生,则学习会真实地发生在课堂、教学会更有针对性、学生的学习动力会更强。课前访谈、前测、课堂观察交流都是获取学生"真实"问题的有效方式。这对于激活学生思维、促进教学目标的有效达成都极为有利,教师应学会有效利用、合理设计,不断增强学生发现问题、提出问题、解决问题的能力,充分调动学生的积极性。

深刻。问题设计需要思维的张力。课堂上我们应尽量避免提一些无效的、低效的、毫无思维含量的问题。类似"对吗""是不是"等简单判断或记忆型的提问只会让学生的思维水平在低层次徘徊,无法促进学生深入地思考,理解知识的本质。但问题设计过难让学生无从下手、不能激发学生的认知冲突,这样的问题设计也是无效的。为此，教师应深入地了解学生、钻研教材，明确提问的目的，设计出具有启发性、趣味性、富有挑战性的问题。如"一定是这样吗""还可以怎么样"等，引领学生的思维走向纵深处。用生动而又深刻的提问，真正激发学生探索的欲望，让学生积极主动地投入课堂学习中。

巧妙。问题设计需要巧妙地把握好提问时机。从课堂实践中我们知道同样的问题在不同的时间问，会带来不一样的教学效果。掌握"火候"、时机恰当才能充分发挥问题的作用。如在新旧知识的联结处设问，可以有效盘活学生经验，引领学生用联系的视角学习新知。在知识要点、难点处设问，能引发学生深入地思考、为教学目标的有效达成奠定基础。在答案多元时问，能打开学生的思路，为学生提供充分展示自己想法的平台。除此之外，课堂上用问题激活学生的思维，还需要我们根据实际适时追问，通过追根究底，引领学生去思考、探索，进而提高学生思维活动的完整性、准确性，完善其认知结构。

苏霍姆林斯基指出：使你的学生看出和感到有不理解的东西，使他们面临着问题。如果你能做到这一点就是成功了一半。由此可见，课堂教学中教师应以生为本，深入钻研教材，用心设计问题，不断优化提问内容，把握好提问时机，让精致的问题有效激活学生的思维，点亮数学课堂。

三、精心：思维的激活源于"方式设计"

数学课堂上，学生思维的激活还需要教师精心设计学习方式。《义务教育数学课程标准（2022年版）》中指出，"学生的学习应是一个主动的过程"。[①]教师应"根据不同的学习任务和学习对象，选择合适的教学方式或多种方式相结合，组织开展教学。通过丰富的教学方式，让学生在实践、探究、体验、反思、合作、交流等学习过程中感悟基本思想、积累基本活动经验，发挥每一种

[①]中华人民共和国教育部.义务教育数学课程标准(2022年版)[M].北京:北京师范大学出版社,2022.

教学方式的育人价值，促进学生核心素养发展"。①为此，我先后申报了"小学数学探究性学习研究""小学数学体验式学习探索""生态体验模式下的研究性学习研究"等课题并成功立项。在日常教学中，我们结合典型课例进行研究实践，提炼出激活学生思维的有效学习方式设计与实施策略。其中，以"有效体验，激活思维"为主题撰写的相关文章在《小学数学教育》杂志上发表。"让'有意义'的数学课变得'有意思'"一文在《小学数学教师》上发表。相关研究成果"引领孩子动手做数学"获中国教育学会优秀论文评比二等奖。"一个胖子=一座高山吗"一文获浙江省案例评比二等奖。典型课例"吨的认识""秒的认识"收录在《人教版新课标精品教案（三年级上册）》中，由人民教育出版社出版。"吨的认识"一课在省级活动中展示并作为示范课被录制成光盘，"秒的认识"一课获全国人教版录像课评比一等奖。在本书下篇，我梳理了用方式激活学生思维的课堂教学故事，强调学习方式设计的自主、灵活、生动，与大家分享。

自主。学习方式的设计需要充分体现自主性。对学生而言，自我的认识觉醒与自主行为习惯的形成是发展的内因，比什么都重要，这样才能够让学生学会学习、学会思考，形成可持续发展的态度和能力。②而想让学生的自主探索真正有效，就需要教师的精心设计。课堂上着眼于学生的"最近发展区"，设计激发学生兴趣的、富有挑战性的学习任务，营造师生互动、生生互动、生动活泼的课堂研讨氛围，让学生自主探索、经历过程、习得方法，让数学学习在课堂上真正发生，有效启发学生的思考，使学生真正成为学习的主体，逐步学会学习。经历自主探索的过程，学生的体验会更加深刻、对知识的理解会更加到位、对方法的感悟会更加真切。

---

①中华人民共和国教育部.义务教育数学课程标准(2022年版)[M].北京:北京师范大学出版社,2022.
②王永春.小学数学单元整体设计的教学策略[J].小学数学教育.2021(21):4-5.

灵活。 学习方式的设计需要充分体现灵活性。我们倡导自主探索的学习方式，但这并不表示每一节数学课、每一个知识点的教学都用单一的方式进行教学。学生学习数学的方式有多种，认真听讲、独立思考、动手实践、合作交流都是重要方式。教师需要根据教学内容灵活设计学生的学习方式，使之适合于学生的学，最大限度地发挥好每一种学习方式的作用。比如学生在自主探索的过程中有可能会遇到问题，这时合作交流便显得尤为重要了。而当自主探索、合作交流都无法解决问题时，教师的启发引领就能有效发挥作用了。同时，面对学生个体的差异，教师根据学情设计适合不同层次学生的学习方式，能进一步增强教学的针对性，让不同的人真正在数学学习上得到不同的发展。

生动。 学习方式的设计还需要充分体现生动性。根据小学生的年龄特征与认知特点，我们应尽可能地让学生的学习变得生动活泼起来。认真听讲可以是听老师讲，也可以是看教师播放的小视频，动手操作可以是学具操作，也可以是实物操作，合作交流可以异质分组交流，也可以是同质分组交流，学习任务可以在游戏中完成，也可以通过自学的方式完成。总之，无论采用何种方式都需要基于学生的特点，让学生饶有兴趣地投入探索学习活动中去。唯有这样，学生的思维才能充分地激活，有意义的数学学习才会变得更加有意思！

至此，已写至本书结尾。之所以用故事的方式记录，是因为它们无时无刻不发生在我身边。它们是真实的存在，是生动的述说，是精彩的呈现，是深深吸引我、让我为之努力奋斗的力量源泉。之所以每个故事的标题都以提问的方式呈现，因为正是这样的问题引领我不断思考、探究、发现。在我看来，数学课堂正是因为学生思维的充分激活而生动、深刻，精彩不断！用思维点亮课堂，让数学课堂充满思维的活力，我的课堂教学故事还未完待续……